思った以上の
人生は、
すぐそこで
待っている

相川圭子《ヨグマタ》

大和書房

思った以上の人生は、すぐそこで待っている

ヨグマタ
相川圭子

大和書房

はじめに

私たちは、幸せに安全に生きるために、人々の中で学び、衣食住を整え、自然と調和したり破壊したりして、社会をつくってきました。私たちは、そうして得た知的な遺産や物質的な豊かさを継承し、今とても豊かに生きています。そして、さらに自分を高めようといろいろとスキルアップをし、生き方ややり方を工夫して、それぞれに発展しています。

しかし、自分自身のことについては、知っているようでいて、じつのところ何も知らないのです。知る術《すべ》すらわからないかもしれません。

ここで一度立ち止まって、あなた自身を見つめていただきたいと思います。

自分はどこから来たのか？
自分は誰なのか？
どうして苦しいのか？
からだの中には何があるのか？
自分を生かしめている存在は何なのか？
そして、
何のために生きているのか？

あなたは、こうした質問を自分に投げかけたことがあるでしょうか。
私たちは、どうしても目の前に起きる現象にばかり、心を奪われが

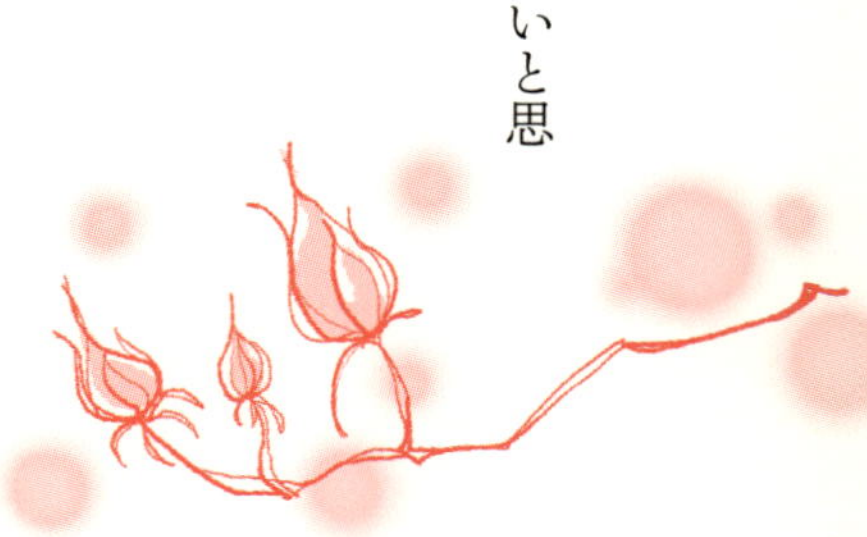

ちです。目に見えるからと、外側にばかり関心が向いてしまいます。一生懸命に学び、教養を身につけ、成長してきたはずなのに、大事な何かが足りていません。

あなたは、こうなりたいという夢をもっていることでしょう。

自分自身を深く知っていけば、その夢は実現していきます。どんなことでも可能になるのです。

自分は何のために生まれてきたのか?

自分は何をするべきか?

そして、

何ができるのか?

そうしたことを問いかけて、その答えを得るために、もっと内側の、あなたの見えないところからの声を聞くとよいのです。

そうすれば、あなたはきっと何かを理解し始めるはずです。

現代人は、日々便利なもの、高機能なものを使っています。それはもう目を見張るほどです。その一方で、あれがほしい、これがほしい、あの人はこれをしてくれない、こうあるべきだ、などと思っているようです。欲望や不満にも大きなものがあるようです。

便利で高機能なものに囲まれることにより、昔の人よりも遥かに成長している、進化していると思ってしまっていますが、それはおそらく錯覚です。

複雑になった世の中で、ものをつくる機械、コンピュータ、スマホなどの情報機器の扱い方が上手になったことはたしかです。しかし、人間の根本の能力やものの考え方は、さほど成長していないのではないでしょうか。それどころか、ストレスやイライラなどが増えて、大変な状

況になっているのではないでしょうか。

知識を身につけ、さまざまな体験をし、ものを生み出すことは、人間としての本当の成長とは違います。人間としての進化でもありません。そう聞くと、腑《ふ》に落ちない感覚を覚える人も多いでしょうが、これは本当です。

成長だと思っていたことが、必ずしもそうではなかったことを理解していくのが、学びであり、悟りです。

それでは、人間の本当の成長とは何なのでしょうか。

外の仕事やさまざまな外の知識を集めることではないのです。自分は誰なのかを知ることです。真理を体験していくことです。そのことにより、あなたは何をするべきか分かるのです。そのようになっていくことが、人間の本当の成長です。

これは言葉に表せない、知らない世界を知る特別な知恵の道です。

究極の真理に出会う旅です。

人間は、真理を知るという使命を果たすために生まれてきました。それは、人間のみに与えられた使命です。そして何度も生まれては死に、死んでは生まれ変わり、浄化の旅を続けています。

そして、少しずつクオリティの高いものへと生まれ変わっていきます。人間になる前も、八百四十万の命を体験したといわれています。人間になってからも、何度も生まれ変わりながら、低い意識から神意識へと進化を続けているのです。

社会や他人は変えられません。個人の力で変えることは難しいのです。しかし、自分自身は、自分で変えることができます。精神を成長させながら、「愛ある人、平和の人、調和の人」に変わっていけるのです。

その自分の中を変えることのできる実践の教えが、ヒマラヤ秘教に

伝えられています。ヒマラヤの聖者たちは、真理になるために修行をしてきました。それは、今から5000年前に始まり今も続いています。

ヒマラヤの聖者たちは、神（＝魂、本当の自分）と一体となり、真理になり、究極のサマディに達したのです。それは、究極の真理を悟ったということです。「自分はいったい誰であるのか」という問いの答えを悟ったのです。

サマディに達したヒマラヤ聖者を、サマディマスター、またはシッダーマスターといいます。サマディマスターは、心身を浄化しつくして神と一体となり、意識が進化した聖者です。そして、神と等しいエネルギーをもち、人間を変容させる力を授かったのです。人を真理に導き、幸せにできる力があるのです。人間の深いところから神性を目覚めさせ、カルマを浄化し、神と人間をつなげていき祝福する存在でもあります。

私はそのサマディマスターになりました。サマディに達したのです。

あなたにサマディからの愛をシェアしていき、あなたにいきいき生きていっていただきたいと願っています。

喜びに溢《あふ》れた人生、願いがかなう人生を歩んでいただきたいと思います。そのために、この本を書きました。

ここに「真の成長」「本当の進化」をするために、あなたが真理を理解するための知恵を示しました。生まれてきて何をしなければならないのかという「人生の目的」を知り、それを達成していくための教えを紹介します。

成長と進化をしながら、人生の目的に気づきます。あなたの奥深くあなたを生かしている存在、魂と出会うことが必要です。

それは「本当の自分」に出会うこと、真理を悟ることです。それが体験できると、あなたの世界の風景は、ガラリと変わるのです。あなたは内側が目覚め、豊かな人になり、心の苦しみは取り除かれ、よりよい

性質がはぐくまれます。惑わされない心で凜としながらも、やわらかな精神の持ち主に生まれ変わります。より豊かに、よりよい生き方ができるのです。

あなたのなかの可能性を開くために、どうかそんな自分を心に描きながら、この本のページをめくってください。

2015年10月

ヨグマタ　相川圭子

思った以上の人生は、
すぐそこで待っている

もくじ

第2章 怒りを手放す

第3章

本当の幸せ

第4章

心に振り回されない人生のつくり方

第5章
思った以上の人生は、すぐそこで待っている

第1章

思った以上の幸せ

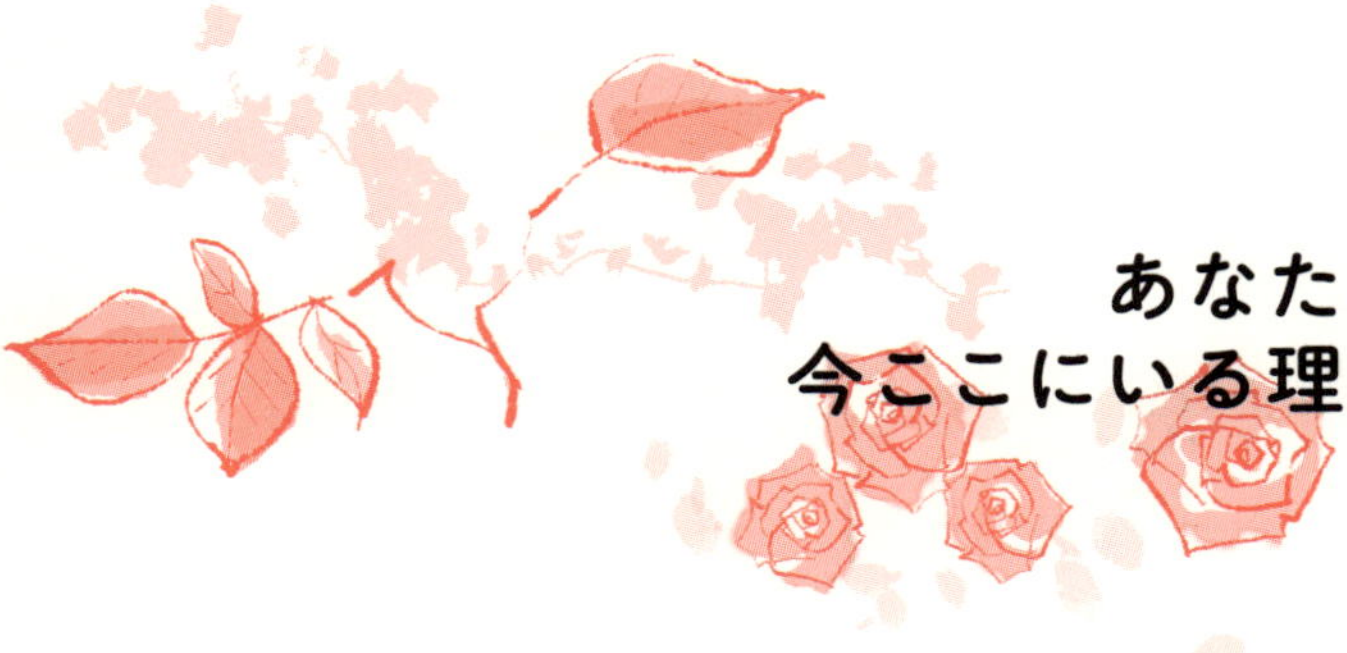

あなたが今ここにいる理由

人の個性や運命を決めるカルマには、今までのすべての行為が記憶されています

私たちは何のために生まれてきたのでしょうか？

――あなたはこんな疑問をもったことがありませんか。その答えのキーワードとなるのは、「カルマ」といわれるものです。

カルマという言葉をはじめて耳にする人もいるかもしれません。仏教用語では「業《ごう》」とよばれます。からだや言葉、思いなどによる人間の行為のことをさします。からだで行動することはもちろん、言葉を話すこともひとつの行為です。

心の中で思うことは形になります。たとえば、「外を歩きたい」と思います。その思いは行動となって次の瞬間、外を歩きます。思いは行為になるのです。その思いもカルマです。

そして、行為は記憶され、それがカルマの種となって、心の中に植えられます。その種が成長し、記憶は欲望となり、次の行為の原因となって、現象を引き起こすのです。そのようにして現れたものをカルマといいます。

私たちのすべての行為はカルマとなり、その人の心と宇宙空間に、エネルギー（波動）として記憶されます。私たちは何度も生まれ変わり、進化をしてきました。今《こん》生《じょう》の前の世（過去生）のときの行為や記憶も、すべてカルマとして蓄積されています。ですから、一人ひとりの人間の心の奥深くには、何千年もの長い年月にわたる、何生もの膨大な量のカルマが記憶されているのです。

カルマには、いい考えも嫌な考えも、いい感情も嫌な感情も残っています。カルマは体験から学び、自分の好きなもの、心地よい状態を未来に選択していきます。また、カルマは、ひどい目に遭ったり、悲しい思いをしたりしたことは避けるようになります。長い間に積まれたカルマは、そうして個人の性質や個性を形づくり、その人を色づけしていきます。

カルマは、「カルマの法則」に従います。「原因があるから結果がある」という法則です。いい行いをすればいいカルマが積まれ、いいことが起き、逆に悪い行為をして悪いカルマを積めば、悪い結果が現れます。

過去にまかれた多くのカルマの種が、機が熟したときや何らかの刺激を受けたときに行動と結びつき、現象が引き起こされるのです。すべての人は、将来起きるカルマ、眠ったカルマをもっていて、そのことにより運命がほぼ決められています。

私たちは、過去生で自分がどのような行為をしたのかわかりません。それが、今生や来世で、どのような形で現れるかもわかりません。しかし、自分が今生でどのような生き方をしてきたかを顧みれば、自分がどんなカルマを積んできたかわかります。そして、それらは自分の未来にも起きることを理解しなければならないのです。

私たちがここに生まれてきたのは、過去生のカルマを成就させるためです

実現できなかったカルマの思いは、残っています。たとえば、あなたは買い物に行きたいと思っていたのですが、急用が入ってそのことを優先させました。しかし、何日もたってから、お店の前を通りかかったときにそれを買うことになります。

それは、その店まで行って買いたい、という思いが残っていて、そのお店の前を通るように仕組まれていたのです。そういう気持ちが内側ではたらいていたのですが、

それは無意識下でのことです。なかには、気づく人もいるとは思います。

無意識下で起こることなのですが、カルマの欲望が終わらないかぎり、そのようにしたいという行動への欲望が消えることはありません。さらにカルマの欲望が実現しても、その欲望に執着があると、そのことを繰り返し求め続けます。それがカルマのはたらきです。

私たちが生まれてくる理由も、過去生でカルマがやり残したものをかなえるためです。またカルマには、与えたり、もらったり、返したりするやり取りが必ずあります。やり残したやり取りを行うために、この世に生まれてくる、ということも多いのです。思いをかなえたい、願いを実現したいという強い欲望があっても、何度もこの世に戻ってきます。

あの人と出会いたい、あの仕事をしたかった、あの喜びをもう一度味わいたい、あのことをやり遂げたいというケースもあります。今生だけでその思いが遂げられるものもあれば、何度も生まれ変わらなければできないものもあるようです。それはカルマの願いなので、よい・悪いという判断を超えています。

なかには、過去生でいじめられたので、今生で仕返しをするということもあるかもしれません。実現しようと放たれたカルマのエネルギーが実を結べば、カルマは終わりとなります。しかし、そのことへの気づきがないのなら、再びカルマとして記憶され、繰り返されるのです。それは、病気になることであったり、別れという現象であったり、事故に巻き込まれることであるかもしれません。悪いことばかりではなく、よいことである場合もあります。カルマが解消され、思い残すことがなくなるまで、私たちのカルマの旅は、何生も、何千年も続いていくのです。

カルマの願いをかなえながら心を浄化し、意識を進化させます

過去生や今生の記憶に、何らかの刺激が加わり、このような仕事をしたい、このような人と友だちになりたい、このような人になりたいなどの願望となり、その願望が行動を引き起こします。ですから、今生での行動は、すべてカルマに沿ったものになります。過去生、今生の過去で刻まれたカルマが、今生や来世の未来に現れるのです。

言葉も含めた行為や思いは、からだに引き継がれるものもあれば、心に引き継がれるものもあります。それらが、カルマの願いをかなえようとします。

今行っていることも過去のカルマの現れですから、それをよくしていくには、常に気づきをもつ必要があります。気づくことにより、カルマを変え、自分の運命を変えていくことができます。

よい記憶があると、よい記憶のカルマが起きます。悪いカルマがあると、悪い現象を引き寄せます。カルマは同じ種類のカルマを引き起こすのです。ですから、何でもかんでもカルマの願いを実現するということではありません。また今生で善行を行えば、よいカルマを積むことができ、よい方向へ導かれていきます。

よいカルマを成就させるためには、よいカルマを積めばよい結果が現れるという、カルマの法則に則《のっと》ることです。相手を活かして自分も活かしていくことです。その生き方を学ぶことが大事です。自分のまわりにも配慮し、皆がよい方向へ進むように心がけることが、自分の真の成長にもなるのです。

カルマを解消させ、今生に生まれた目的を成就させます。そして、さらに精神も成長させていくことが、あなたの人生の目的です。

夢や願いとともに成長する

目的をもって、それに向かって進化していきます

多くの人は自分のやりたいことをして、幸せになりたいと思っているでしょう。夢を見据えて頑張っている人もいるでしょう。なかなか自分のやりたいことが見つからないという人もいるかもしれません。

生きていくなかで欲望が湧き、それを得たいとそれに向かって進んでいきます。もともと私たちは、過去生からの願望を成就するために生まれてきたので、それをかなえることをカルマが求めています。

心とからだで自己表現して、それを通して自分のカルマを消化していきます。それは自然なことです。夢や生きがいをもって、それに向けて努力することはいいことです。何かに集中していい方向にエネルギーを使えることは、悩み苦しんで鬱々《うつうつ》としているよりもいい生き方です。そのよい生き方に、よいカルマにしていくということをプラスすると、さらによい生き方になります。セルフィッシュな行為は、人を傷つけるかもしれません。思いやりをもった知恵ある行為をしていく必要があります。

自分が幸せになるとともに、まわりの人も幸せになり、喜ぶ生き方がよいのです。それは、よいカルマにしていく生き方になります。人が幸せになるために生きるということは、とても素晴らしいことです。

たとえば仕事で大きな成功を収めたなら、収益を人のために役立てたり寄付をしたりするのもいいでしょう。そのような善行も、よいカルマを積むことになります。過去の無知の悪いカルマを浄め、精神を成長させ、やがてあなたを真の成長へと導きます。

知恵を出し、からだを使いながら精神も成長できるのが理想の仕事

個人的な夢や目的と、仕事との関わりを前項で少しお話ししました。

「もっと自分を高めたい」「自分を表現できる仕事をしたい」と思っている人も多い

でしょう。好きな仕事や向いている仕事は、人それぞれです。それぞれにカルマが違うからです。

働くということは、人生の中で大きなウエイトをもちます。どのような仕事が理想的なのでしょうか。

どんな職種であれ、技術が必要であり、そこに人と人、人とものといった関係があります。それぞれの調和が保たれるのがよいのです。さらに人の役に立つ仕事、人を生かす仕事だと、なおいいでしょう。そのような仕事に恵まれたら、できるだけクリエイティブなものにしていき、しかも〝エゴレス〟であると素晴らしいですね。

仕事の場であっても、多くの人は、人からよく思われたいという気持ちが強く、何かをすれば見返りを期待するものです。そうではなく、人からほめられなくても、自分を滅して〝エゴレス〟で行う仕事が、よい仕事です。見返りを期待しない仕事が尊いのです。仕事を行う姿勢としては、消極的にこもるのではなく、人を助け、思いやりをもって、仕事ができるとよいでしょう。ビジネスの中で自分の能力を最大限発揮する快感も味わってよいと思います。

そうした仕事を続けていけば、自然とよいカルマを積んでいきます。それがやがて、よい形で自分に還ってきます。

どんな仕事も、まず無心でやってみましょう

この仕事は自分に合っているのか、常に疑問をもちながら働く人がいます。やりたい仕事が見つからない。好きでもない仕事を生活のためにしている。そんな本意ではない状況で、仕事をしている人もいるかもしれません。いつしか自分に合った仕事につくのをあきらめてしまい、仕方なくそのまま仕事を続けている人もいるでしょう。

一方で、いくら才能があり、好きなことであっても、仕事であればそれなりの成果を出さなければなりません。常に成果をあげ続けることは大変です。絶えず努力し、工夫をしていかないと、よい状況を維持することはできません。

そしてそのためには、「どんなことも集中して行う」。そこに学びがあります。経験を通して成長できるのです。今、与えられたことを一生懸命行うことが大切です。すべてはあなたの肥やしとなっていくのです。自分に与えられたことに感謝して、無心でやることが大事です。それが自分を生きるための修行となります。

「好きだ」「嫌いだ」と、心ばかりを使って仕事をしていますと、それだけで疲れてしまいます。最初から自分にぴったり合う仕事を期待するのではなく、どんなことでも無心にやったほうがいいのです。

医師や消防士のように、目に見えて人を助ける職業もありますが、目に見えなくとも、その人の日々の行為が大切です。あなたが人を助け、よいカルマを積み、よい行為をする。常に感謝をすることができるだけでも素晴らしいのです。仕事を通したそうした日々の行動で成長することができます。行為を浄めることもできます。

行為はあなたをつくります。思いやりをもって行動し、善行を行うことで、あなた自身の利己的な心が浄化されます。あなたが浄まるのです。自分の思いを美しいものにしていきます。行為を美しいものにしていきます。言葉も美しいものにしていきましょう。それらが、カルマをよくすることにつながります。

悪いカルマを浄化し、よいカルマを積むことで、これからの運命がよいものへと変わるのです。そうしたあなたのエネルギーを、まわりにシェアしていけば、皆がいい人になるきっかけになります。これも、世界にとっては大事なつとめ、仕事のひとつです。個人のレベルで、コツコツいいエネルギーを蓄積していくのです。

働いて代価を得るということだけでなく、「自分のつとめ」という視点からも、仕事というものを考えてみます。そうすれば社会のため、人のためになりながら、自分が進化していけるものが見えてきます。

この世で出会う、すべての人とは縁がある――引き寄せ

親子の関係は過去生からの縁。親は子どもへ無償の愛を注げる機会です

人はそれぞれ目的をもって生まれてきています。それに、前世で縁のあった人には、また会いたいと思って生まれてきています。会いたいと思っている人とは、何かを片づけなければならない縁があるのです。

お世話をされる人は、前にあげたものを受け取ることでバランスがとれます。その人を探し、その人の子どもとして生まれてくることもあります。ほかの人間関係においても、こうしたエネルギーの交換のために、縁ある人の近くに生まれてきます。

そのようなケースでは、親は、前世でいただいたものを子どもにお返ししています。子どものほうは、前世で与えたものを返してもらっているのです。

子育てをすることは学びです。愛の学びです。もちろん自分の子どもなので、ひとしおの思い入れの気持ちはあります。

母親は、無償の愛を子どもに与えています。どんなに疲れていても、どんなに眠くても、お乳をあげたり、おむつを取り替えたり、夜中に泣き叫ぶ子どもの願いを優先します。それは、母親本人の願いよりも常に子どもの願いが優先なのです。

ところが、子どもが大きくなるにつれて、こんなに一生懸命育てたのに、どうして言うことを聞かないのかと、母親は嘆きます。注意したり、心配したり、干渉したりし過ぎると、子どもはうるさがって、素直になりません。

するとやがて、子育てが楽しみでなくなり、苦しみになってしまいます。無垢《むく》な赤子のときには無償の愛を与えることができても、次第にその愛が自分を成長させる愛ではないほうにいってしまうこともあります。執着の愛になってしまうのです。

子どもが誕生し、育っているということは、自分を成長させるありがたい機会です。子どもは、過去生においてお世話になった方なので、その恩返しにお世話をしているのです。カルマの法則です。

また、子どもは神から預かったものでもあります。ですから、大事に育てて世の中に出していかなければなりません。

この世で会う人は縁でつながっています

人が大勢いるところで、ある人だけが違うエネルギーを放っていたように見え、それが偶然にも昔の友だちだったという経験はありませんか。

カルマは記憶でもあり、縁の深かった人の波動なども記憶されています。ですから、たとえ遠くであっても、波動の記憶が活性化して気づきます。それは過去の記憶で、同じエネルギーで互いに引き合うのです。また、会ったことがないはずなのに、出会ったとき何か懐かしいような感じのする人がいます。それは、今生で会ったその瞬間に、過去生のカルマの記憶にリンクしたためです。

ラジオで周波数を合わせると放送が流れるように、あなたの過去生のカルマの記憶にスイッチが入り、活性化します。すると、相手のバイブレーションと合って共振します。過去生からの縁でそうなるのです。

その共振する相手は、あなたにとっていい人とは限りません。いいも悪いもなく、深い縁のあった人とは、そのようなことになります。

また、会ってすぐ縁を感じることもありますが、そうでないこともあります。深い縁があるにもかかわらず、会ってすぐに縁を感じないのは、縁が眠っているからです。縁の深い人が居合わせていても、意識が違うところにいっていると目覚めないのです。

何かのきっかけで、やさしさや縁を感じ、急接近することもあります。幼馴染《おさななじ》みと再会して、1カ月後に結婚するというようなことがあります。まわりの人は驚いてしまいますが、前世からのそういう縁だったのです。

一期一会という言葉がありますが、どんな縁も大切に、誠実に対応する必要があります。感謝と尊敬をもち、よい出会いにします。そうすればよりカルマが浄められ、あなたの成長につながり、カルマからの自由度が増えると、さらによい出会いが訪れるでしょう。

もし、悪い出会い、悪い関係での引き合わせであっても、強い根源の力をもつことにより、よい関係にすることができます。

強い根源の力とは、神からの愛です。あなたは神につながることによって、慈愛をシェアすることができ、相手からよいものが引き出されることでしょう。人生を楽に、楽しく生きていくことができるのです。このことは、後ほど詳しくお話をします。

悪いものを引き寄せるのは、悪いカルマを自分がもっているからです

人との出会いはカルマによって決まり、いい出会いも、悪い出会いもあります。向こうから、いいことや嫌なことがやってくるように見えますが、それを引き寄せているのは、じつはその人自身です。

自分では、カルマがいいか悪いか分からないかもしれませんが、過去生からの悪いカルマをもっていれば、あなたのまわりには悪い縁が集まってきてしまうのです。もちろんいいカルマであれば、いい縁を引き寄せます。心はプラスとマイナスのはたらきをします。言われたら言い返す。やられたらやり返す。そうしたことで、バランスをとります。

たとえば、あなたが人を疑ったり信用しなかったりしたとしましょう。すると、あなたから否定的な波動が出ます。その結果、そうした否定的な波動をよび寄せてしまうのです。まさに「類は友をよぶ」わけです。同じ性質のものは互いに引き合い、同じようなものが群がるのです。

雲を見てください。水滴の状況が同じ感じのものが集まります。高度によって水分の波動が違うこともあって、筋雲《すじぐも》になったり、鱗雲《うろこぐも》になったり、入道雲《にゅうどうぐも》になったりするわけです。その雲の水分を、雨として全部落としきると、青空になります。

人も、同じような波動の人が集まるので、今よりもいい人たちの中に入りたければ、自分の波動をよくすればいいわけです。カルマを浄化すると波動も浄化され、その波動に合ったいい人たちとおつきあいしていくことになります。

自分が使ってきたカルマのエネルギーによって、職業も決まってきます。知的な仕事をする人、肉体労働の人、商売をする人などがあります。また環境が左右しますから、親の影響を受け、親子代々同じような仕事につくことが多いものです。そして、それぞれの職種のまわりには、同じような仕事をしている人が集まってきたりします。

カルマを変えることで、人との縁や相性もガラリと変わります

前述した「強い根源の力」、つまり見えない神の力を借りなければ、カルマを変えることはできません。ここでいきなり「神」といわれても、とまどう方もいるでしょ

う。神とカルマの関係について、少し紹介してみます。

過去に積んだカルマには、いろいろな種類があります。体験の記憶が、種の状態で眠っているカルマを、サンスカーラといいます。

サンスカーラは、刺激を受けると活性化し、芽をふいて、未来に実現することもあります。今起きているカルマは、ボガです。動物は心の記憶がないので、このカルマのみです。

今生あるいは過去生のカルマが活性化して、そのエネルギーの矢がすでに放たれていて、未来に必ず起きるカルマがあります。そのカルマをプララブダといいます。

ヒマラヤ秘教（↓38ページ）はこれらのカルマを変えて、運命を改善していきます。これらのカルマを変えていけるのがディクシャというエネルギー伝授です。カルマを変えるためのエネルギーと、カルマを浄めさらに神のもとに達していくためのマントラ（聖なる者の波動。↓48ページ）をいただきます。

そうして、カルマを浄化し、運命を変えていくのです。

カルマを変えることは、医療でいうと根治にあたります。病気の根本を完全に治すということです。発熱したから熱を下げるというのは、症状の改善です。熱が出る原因を完全に治したわけではないので、また熱が出る可能性が残っているわけです。

悪い縁が浄まると、その悪い縁が浄化される前に関係していた人は、どこかに行ってしまいます。あるいは関係がとても薄くなって、ほとんど影響がなくなってしまったりします。それと同時に、尊敬し合える、クリアで平等な縁が増えてきます。それは「相手に依存しない縁」になるということでもあります。

一般的には、人との縁が深まると、どうしてもその人への依存や執着が強くなります。夫婦や家族、親子関係など、両方が足を引っ張り合って、悲惨な関係になっているケースが少なくありません。当人たちは、それが普通なのですが、悲惨で無残な関係です。

相手に頼りきって「あれをしてほしい、これがほしい」ということになると、自分がいつまでたってもしっかりすることができません。また相手のエネルギーが尽き果てて関係が悪化し、お互いにいつまでもいい人ではいられなくなったりもします。その結果、イライラを超えて病気になってしまうかもしれません。

「相手に依存しない縁」とは、そのようなことがない、よい縁のことです。

あえて深い縁にしないことで、依存する気持ちや執着を薄めて、長く良好な関係を築くことができます。

また、お互いのメリットでつながるギブ・アンド・テイクの関係も、うまくいっているときはいいのですが、そのうちに両方とも疲れてくることが多いようです。

こうした場合もカルマを浄め、自分から与えるという姿勢をもつことです。そうすれば適度な距離感のある、ベタベタしない成熟した人間関係が自然とつくれるようになります。そして無償の愛、見返りを期待しない愛で助けることができるとよいのです。

5000年以上前から伝わるヒマラヤ秘教は、カルマを変えて、人と神をひとつにします

ここで少し、ヒマラヤ秘教について紹介しておきましょう。

ヒマラヤ秘教は、今から5000年以上前に、ヒマラヤで修行した聖者が真理を探究し、サマディという悟りの境地を得たことに始まるとされます。

心身を浄化して、死を超える深い瞑想から究極のサマディに没入し、やがて真理を知り、神になったのです（神我一如《しんがいちにょ》）。こうしてカルマから自由になった聖者は、真

理のレベルからカルマを変えて運命を改善する方法を発見しました。それが長い年月の間、サマディに到達したヒマラヤ大聖者（シッダーマスターまたはサマディマスター）の間だけに綿々と受け継がれてきたのです。

ヒマラヤ秘教はこのほかにも、古代インド哲学のヴェーダやヨガ、鍼灸《しんきゅう》など、多くのものに影響を与えました。仏教の創始者ブッダも、ヒマラヤ秘教から多くのことを学んだとされます。

ヒマラヤの大聖者が下界に降りてくることはまれで、その多くがヒマラヤの奥深くで瞑想に入っています。会おうとしても居場所はおろか、誰が大聖者であるか見分けもつきません。

そんななかで現在、私とインド人のパイロットババジのふたりだけが、公に姿を見せているシッダーマスターです。

過去を手放すと、自分を変えられる

自分に足りないものに気づき、その不足を補うことで自分を変えられます

人はカルマによって、日々さまざまな事柄に出会い、体験をしていきます。心はおそれや危険を避け、常に幸せになろうと選択をしています。そして、自分を守るためにまわりのせいにしたり、まわりのものや人に不足を感じて、ああだ、こうだと言いがちになるのです。また、自分の不足に気づいたり、コンプレックスを感じたり、ひどく落ち込んでしまったりします。なかには、本格的に鬱になってしまう人もいるかもしれません。

それらは心を煩《わずら》わせ、疲れてしまったことによるものです。心はあれこれ考え、常に変化しています。しかし、心が動いている様子は見えません。

ほとんどの人が、無意識に人を責めて自分を守っているのです。人は心につながり、心の思いに一喜一憂します。

ですから、自分を少し振り返る練習をします。なぜ怒ったのか、なぜ慌てたのか、どうして大事になったのか、何がいけなかったのか。あなたの理想とする生き方、相手のせいにしない生き方、それができていたのかどうか、分析するのではなく、見つめ、気づいていきましょう。

反省することはいいことですが、自分を責め過ぎると否定的になり、いいエネルギーが出なくなります。自信をなくし、疲れてしまうからです。

「失敗してしまった！」というときは、素直に気づけばいいのです。「ほしいだけの心だった」「欲が深かった」「尊敬が不足していた」「相手に過剰な要求をしていた」「力もないのに過信していた」「おごりがあった」など、心を正しく使っていなかったことに気づけばいいのです。今の自分のレベルを自覚し、受け入れて、その気づきのうえで自分を変えていけばいいのです。

あなたが神のエネルギーにつながると、気づくことが多くなり、自然に心を正しく使えるようになります。

心が揺れると、船酔いのようになってしまいます。揺れない存在＝神につながると、揺れることはありません。

そして、「今、ここ」にいることができるようになります。求めるばかりの回路から愛をシェアするという回路をはぐくみます。

うまくいかないことを挙げて自分を変えるきっかけにしましょう

親にガミガミ、上司にヤイヤイ、友だちにああだこうだ、と言われることがあるかもしれません。どこかに逃げ込めば、皆にいろいろ言われなくて済む……、そう思うかもしれませんが、それは間違いです。

カルマを浄化するには、刺激があるとありがたいのです。トラブルをそのまま推し進めると、摩擦が起きます。どうしたらうまくいくのか、そこで悩むことでしょう。その悩みが、ありがたいのです。

人のせいにすると、そのときはそれで済むかもしれませんが、自分は少しも変わりません。そのため、同じシチュエーションになると同じことが起きます。

自分を変えるには、外側から刺激を受けるのがいちばんです。それによって、自分を振り返るきっかけになります。そうでないと、毎日に流されてしまい、反省もせず、自分を変える必要性にも鈍感になっていきます。

五感でさまざまな感覚を受け取ることができるのは、じつに素晴らしいことです。五感のどれかひとつでも不足すると、とても不便で大変な思いをすることになります。

神が、このように精密な機能をもったからだをつくってくれたのです。私たちのこのからだと心の機能は、素晴らしいのです。

私たちはおなかが痛いと不安になり、指を少し傷つけただけで、不便な思いをします。ところが不調やケガをしなければ、おなかも指も普通に使えて当たり前と、感謝の気持ちがなくなってしまいます。

ヒマラヤ秘教の教えでは、心のつかえを吐き出していただきます。深いところのつかえが吐き出されることで、視点を変えることができます。自分の中の引っ掛かりがなくなると、相手がどうなのかを理解できるのです。

自分が変わると、「本当の自分」に出会える

「本当の自分」に出会うことで満ち足りた気持ちになります

「なぜ自分は生きているのか」
「なぜ苦しみが生まれるのか」
「なぜ足りないと思うのか」
「なぜ人間同士がいろいろなものを奪い合うのか」
「自分は誰なのか」
「心も死ぬのか」
「魂はどこへいくのか」
「また生まれてくるのか」
「地獄や天国はあるのか」
「どうすれば素晴らしい生き方・成長ができるのか」

人は自分の外側のことを探求してきました。しかし、自分自身についてはよく知りません。医学や心理学は、人間の部分について分析的に調べています。しかし、心とからだを生かしめている存在にまでは至っていません。

この宇宙をつくり、生かしているのは、どのような存在なのか。そのことを知り、安心を得たいのです。それは、思慮深い人にとっては当然のことです。

懐中電灯で足元を照らしながら、目的をもって歩む人生のほうがよいのです。しかし、その方法がわからないのです。

多くの人は人間関係や仕事、愛情やお金など、目先の欲望に執着しています。見たこと、聞いたこと、味わったこと、感じたことなど、感覚の印象に執着して、その一瞬の快感や嬉しさにとらわれ、それをまた味わいたいと求めます。

大成功をして大金持ちになったら、幸せになれると思うかもしれません。しかし、大成功をしても大金持ちになっても、深いところは満たされません。

深いところから満たされていくためには、永遠の存在につながらなければなりません。そして、「本当の自分」に出会うことです。「本当の自分」とは、いったい何(誰)なのかを探求することです。それを実感するのです。それが分かれば、もう心に振り回されることはありません。

ヒマラヤの教えによって「本当の自分」に出会う旅を

よりよく生きようとする人は、さまざまなことを考え、そこから学び、精神を成長させようとします。自然のはたらきで、からだが成長し、人間においては感覚が発達し、記憶し考える力を発達させ、さらに成長させようとしていきます。外のことを理解し、クリエイティブにものをつくる神のような力を得て、衣食住を豊かにしていっています。

しかし、本当の成長は、情報を集めて知識を増やすことではありません。心身を成長させることではありません。自分の内側に入って真理を発見することです。そのためには、自らの内側に目を向け、そこに浮かぶ思いを見つめます。浮かんでは消える思いを見つめます。見えるものの奥にあるものは何なのかを知っていくために、体験していくことです。そのために、いろいろと抱えているものを手放していきます。

「自分はこんなものにとらわれていたのか」と、心を奪われていたもの（こと）に気づくことができます。自分を分析せず、内側から自分を見て気づいていきます。

しかし、これは簡単にできるものではありません。正しい導きと手順が必要です。そしてそれを可能にするのがヒマラヤの教えです。ヒマラヤ秘教では、まず至高なる存在、神につながります。神につながったうえで、自分の内側への旅をしていくのです。そこには、さまざまな発見があります。

たとえば、私たちのからだは宇宙と同じ成り立ちであり、体内に宇宙のすべてがあるということが分かります。そして、体内の小宇宙の源に神が存在することもわかるのです。この神こそが「本当の自分」です。「本当の自分」に出会うことこそが、人生の目的なのです。

「本当の自分」に出会うと、今までの何でも守ろうとする気持ちから、人に与える心に変わります。愛や感謝に満ちた気持ちに、スイッチが切り替わります。生き方がガラリと変わってきます。

神とつながり信じます。さらに、その神である「本当の自分」になっていくということは、すべてが満ち足りた状態になることなのです。

聖なる波動が「本当の自分」へと連れていってくれます

至高なる存在の「神につながる」ことは、それと同等のエネルギーをもった存在（神との橋渡し役）が必要です。その役割をするのが、心身を浄化し、神と一体となったサマディマスターです。

そこで最も必要なことは、神を信じることです。神にクリックすることです。すると神がエネルギーを恵んでくれるのです。

そのために、サマディマスターであるヒマラヤ聖者のディクシャがあります。ディクシャとは、高次元のエネルギー伝授です。あなたの内側のカルマを浄め、心を切り離し、神につなげます。マスターから高次元のエネルギーを伝授され浄められます。そのことで、「本当の自分」への扉が開いて、神につながることができるのです。

そして生まれ変わり、はじめて真理への旅ができるようになります。カルマを浄める修行もできます。人格を高めていくことができるのです。神からのパワーを引き出し、恵みをいただいて、生きることができます。

長い間のカルマの積み重ねにより、からだと心が曇っていますので、このことによって方向を変えて、はじめて浄める道が開かれます。神とつながり、信じることで守りをいただけ楽に生きていかれるのです。変容とは、完全に質を高めた新しいものに変わることです。

サマディマスターからは、聖なる波動をいただき、心を浄化します。この聖なる波動はマントラといいます。日本でいう真言《しんごん》のようなものです。聖なる波動を広げることで、「本当の自分」へと連れていってくれるのです。信仰心をもって真摯に行えば、悟っていくことさえできるのです。

こうして「本当の自分」に出会うことで、人生は意味をもち、動き出します。何ももっていなくても満ち足り、深い包容力に抱かれたようになります。そして、ここへたどり着くことが、じつは人生の目的ともいえるのです。

私たちのすべての行為はカルマ（業）となり、
その人の心と宇宙空間に、波動として記憶されます。
過去生の行為や記憶もすべてカルマとして蓄積されています。

私たちが生まれてくる理由は、
過去生でカルマがやり残したものをかなえるためです。

カルマの願いをかなえながら、
心を浄化し、意識を成長させていきます。

カルマを変えると、人生は変わります。
そして、自分が変わると、「本当の自分」に出会えます。

第2章

怒りを手放す

頼りない心がつくり出す怒りを消す方法

思い込みから怒りや苦しみが生まれます

日々の暮らしのなかで、苦しみや悩みがなく、怒りも感じないという人は、まずいないのではないでしょうか。

人間関係は複雑です。あちらにこう言った、こちらにこう言った。その言われた者同士が、「ああだ、こうだ」と、それぞれの見解で話をする。そんなことで、混乱が深まります。

また自分のなかに湧き上がる思いは抑えられても、なお内側でくすぶり続けて毒になり、心身がむしばまれていくこともあります。それらの多くは、怒り、批判、腹立たしさのなかで出る自分の見解です。それをそのまま口にすると、聞いた人は、怒ったり、誤解をしたりするかもしれません。

それらは一度解き放たれると、もうどうにも止まりません。人との誤解から軋轢《あつれき》が生じ、苦しみが生まれます。人には言えない悩みが生じたり、理不尽な運命や仕打ちへの怒りが生じたりすることもあります。

誰もがそうしたマイナスの要素に遭遇しながら、生きているのかもしれません。

第2章では、こうした人の負の面といかに向き合い、真の成長や魂の進化へとつなげていくかを、いくつかの例を挙げながら見ていきます。


苦しみや悩み、怒りはどこから生まれるのでしょうか。

苦しみや怒りを感じる原因は、いろいろあります。そのなかでも、人やものへの執着や、思い込みが裏切られたときというのが、かなり多いようです。

変化していくものを、自分のものと錯覚することから、苦しみや怒りが生まれます。自分の心やからだ、自分の所有物が傷つけられたり、奪われたりすると、それを受け入れられないときにも、怒りが起きます。

人間の心は移ろいやすく、人の言葉や起きた現象に影響されて、瞬時に変わることがあります。信頼していた人が、自分に理不尽なことをしたとします。あんなに信頼していたのにと、怒り狂うことでしょう。しかし、落ち着いてよく見てください。

自分はなぜそんなに怒るのか。相手を信じていたのに、思い当たるふしがない

――。そこに自己を守るはたらきがあります。相手への期待だけで、相手に対しての尊敬はあったのか。自分の欲のみで行動していなかったか。うまく話ができず誤解が生じてしまったのか。そんなふうに、自分を振り返る機会をいただいたと考えてはどうでしょうか。

すべては変化していきます。それぞれが自由なのです。肉体もいつかは衰え、死を迎えます。誰もが年をとり、老いあるいは病《やまい》を経て、やがて死に、人との別れがあります。また手にしていたものにも別れがあります。手に入れて大事にしているものも、必ず失うときがきます。これは自分のものだと勝手に思い込み、執着していることに、気がつかないのです。自由にコントロールできないことに腹を立て、怒り、自分を責め、苦しんでいるのです。

人の行為が自分の思いと違うと、怒りの行動をとらせるのは、心（マインド）です。心が思い込み、執着することによって、悩みや苦しみ、怒りが生まれてきます。

私たちは普段、心の命ずるままに生きています。心を使ってきたので、そのように習慣づけられ、またそれが心地よいのです。

心はコロコロと変わります。あちらこちらと飛び回り、落ち着きません。人やもの

への こだわりをもちます。そして、自分が勝つために相手を傷つけるなど、自己防衛のためにも動き回ります。人はこの心に、いつも振り回されています。心の思いのままに使われているわけです。そのことに気づかず、人は、次から次へと欲望や願望を満たしていこうとしています。

それが心の性質です。そんな心を行動のよりどころとしていては、いつまでたっても安らぎはありません。悩みがあるとぐったり疲れることが分かります。普通に心を使っていても、心の消耗、さらに精神の消耗が続いていき、ストレスを生じているのです。ですから、動き回り、常に変わっていく頼りがいのない心を外して、より安定感のある存在を重石にして、生きていく必要があります。

その安定感のある存在は、永遠に変わることのない存在です。自分の根源にあるものです。そのことに早く気づく必要があります。

この世で変わらないものは魂につながった自分だけ

見えるものは、あなたが目を閉じると見えなくなります。もし見えても、それが何かを過去に学んでいないと、見えているものを理解することができません。

たとえば、見えたものは、美しいガラス細工の置物でした。そのガラス細工が、その人の足に落ちてしまいケガをしてしまいました。そのため、その人はどんなに美しいガラス細工でも、ガラス細工を見たときには、その怖い体験が思い出されます。その人にとって、ガラス細工は美しいものではなく、怖いものとなってしまったのです。

その人の体験、知識、ほかの人の体験、さまざまな人のさまざまな解釈、それらが加わることによって、見たものの印象が変わっていきます。私たちは、このように自分の体験からその価値を色づけています。

心は変化するということを見てきましたが、からだも変化しています。血液の細胞も、3カ月で今までの細胞と全部入れ替わるといわれています。さらに筋肉の細胞も変化していきます。骨も入れ替わるのです。7年も経てば、人間のからだは全部、以前とは違った細胞になっています。しかし、病気の遺伝子のようなものは、受け継がれていきます。そして、私たちは、いつかは分かりませんが、必ず死に、肉体は土に還り、やがて物質の源に還っていきます。変化してなくなっていきます。

そのようななかで、私たちを含めてすべてのものをつくり出した存在＝創造主＝神だけは、変わることがありません。神は、この心とからだの奥にある見えない存在でもあります。

個人の魂は、至高なる存在から分かれたものです。そして、それは「本当の自分」です。

魂＝「本当の自分」こそが、不変のものなのです。

それを実感していくのが、悟りへの道です。しかし永遠の存在は、目に見えないし、感じられないので、そういうものがあることが分からないのです。

見えるものや変化するものを、多くの人は一生懸命に勉強しています。しかし、見えない奥深くのところにも、何か大きな力がはたらいていることは、ぼんやりと分かっている人もいます。だからこそ、「入魂」だとか「魂の叫び」といった言葉があるのです。

その魂は、あなたの心の奥にある、あなたに命を与える存在です。心とからだを生かしているエネルギーの源です。神から分かれた存在であり、「本当の自分」です。

神からつくられた私たちは、目に見えるからだと心をいただきました。私たち人間は、からだと心と魂からできています。そしてエネルギー体があります。

からだは、形があって目に見える肉体だけではありません。からだの内側には、目に見えないエネルギーのからだ＝アストラル体があります。それは心の家であり、過去生からの行為の記憶と今生でのこれまでの記憶が全部刻み込まれています。

アストラル体のなかに、コザール体というさらに微細なエネルギー体があります。それは、魂の家になります。魂はコザール体に守られて、そこにあります。

魂は、その人のなかの神であり、サンスクリット語でアートマンとよびます。アートマンは、永遠に不変の宇宙の神であるパラマアートマンから分かれた存在です。パラマアートマンとは、至高なる神の名前です。ブラフマンともいいます。

私たち一人ひとりの魂は、神そのものであり、永遠に変わらないものです。それを実際に発見していくのです。それが真理を悟っていくことになるのです。

普段あなたは、いつも自分の心の声に耳を傾けて言いなりになっています。それは、カルマからのものです。嫌な体験をしないためには、それを引き起こす自分の心を浄めなければならないのです。よい体験であっても、思い込みでない平等な意識で対応していくことが大切です。

そのためには、まず「本当の自分」につながらなければなりません。神である魂につながるのです。

カルマで見えなくなっていた魂との絆を復活させましょう

自分のなかに神の力がはたらいていることを多くの人が感じられないのは、自分が魂と離れてしまっているためです。人は、漫然と生きているかぎり、カルマがどんどん心に積まれ（記憶され）ます。そのため、心がどんどん曇っていき、その奥にある魂が見えなくなってしまいます。魂から遠ざかってしまっているのです。

心を浄化し、魂と自分がつながり、魂の願いにしたがいましょう。そうすれば人に親切にして疲れたり、嫌な思いをしたりしても、感情的になりません。物事を俯瞰して見ることができるようになるので、広い心で相手を許せるようになります。

あなたが手に入れるさまざまな成果を独占せず、分かち合いましょう。自分のものという執着、無意識の思い込み、こだわりが溶けていきます。さらに、創造の源（神）と一体になっていくことで、宇宙の真理、メカニズムを知ります。宇宙の法則に則《のっと》って生きることができるので、ストレスもたまらず、病気、怒り、焦りなどもありません。心に振り回されることがなくなるので、安らぎを得ることができます。

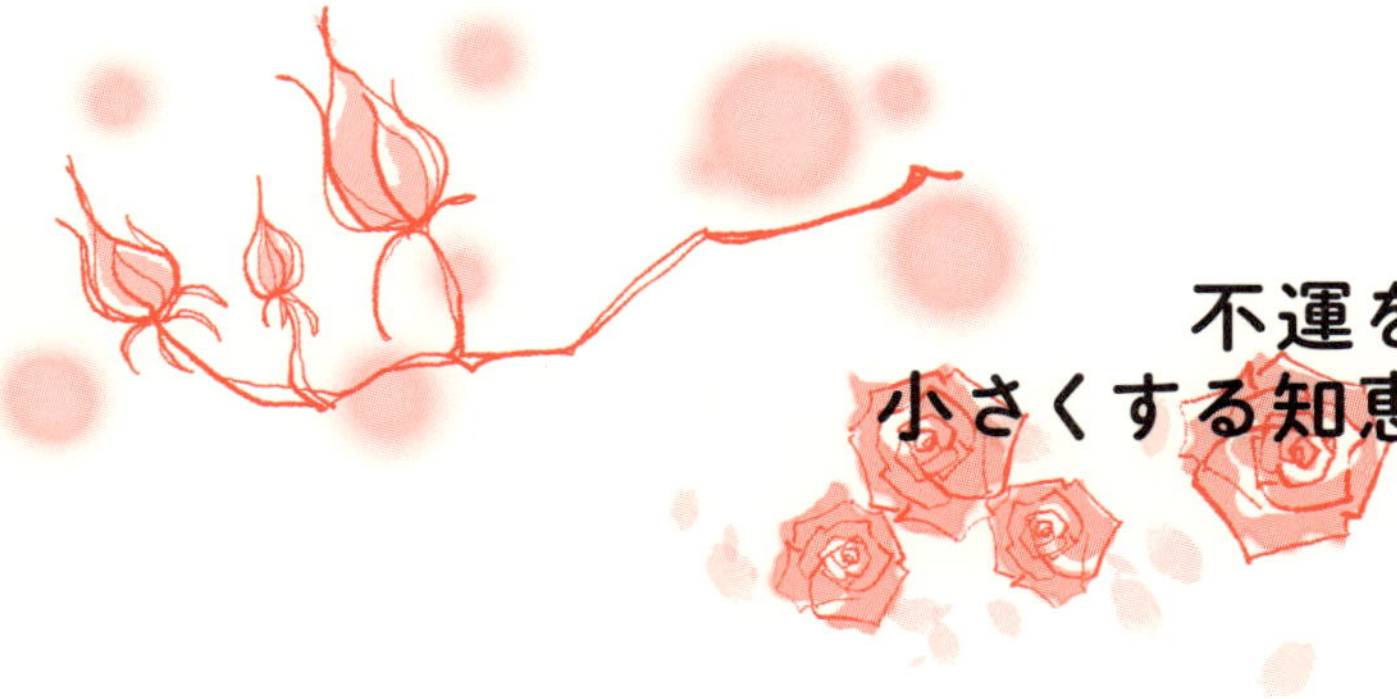

不運を小さくする知恵

マイナスの局面をよい学びの機会と受け取ります

自分が一生懸命やってあげているのに、その善意を踏みにじられたとき、怒りが起きます。親しい間柄だからと甘えられても、怒りが湧いてきます。そうした気持ちを鎮めるために、遊びに行ったり、言いたいことを言ったりします。それですっきりする人もいるでしょう。あるいは我慢をして、怒りが薄らいでいくのを待つ人もいるかもしれません。いずれにしても、それは根本からの解決ではありません。

人は、育ちも考え方も感じ方もそれぞれ違います。ひとりではひとつの学びしかできません。それが、いろいろな人と出会い、いろいろな考え方を知ることで、学びの数が、どんどん増えていきます。

その意味でも、いろいろな人との出会いは大切です。「人は皆師なり」という言葉もありますが、出会った人すべてから学ぶことができるのではないでしょうか。

自分の考えに執着すると、結果的にあなたのエゴが苦しむことになります。なぜなら、その考え（エゴ＝我）を通すと、摩擦《まさつ》や抵抗が生じ、それを解放するために、怒りを爆発させてしまうことが多いからです。

そうした心のからくりに気づいていくことが、進化です。そして、怒りやイライラなどの苦しみを乗り越えたとき、成長があるのです。

病気をすることで気づくことがあります

人生の大変なときに、あなたは目に見えない力、根源の力の助けをいただくことができます。そのことで、難しい問題が溶けて、生命力を手に入れることができやすくなるのです。エゴで苦しんで生きるときはもちろん、エゴでうまくいったときにも、根源の力、つまり神の助けがあると、あなたの人生はより輝いたものになります。

たとえば、病気になると、不安になりますね。そのうえ検査の数値が悪かったりすると、いっそう心配になります。だからといって、仕事を休めば、仕事がたまってしまい、職場の人に迷惑をかけることにもなってしまいます。

家事や子どもの世話をしなければならない人は、寝ていても気が休まりません。からだが苦しくなれば、気分もふさぎ込んでしまいます。

そのため、病気になると「どうしてこんなときに」とか「なぜ私だけが」と悲観したり、恨めしい思いを抱きがちです。

そんなときこそ、その現実を、そのまま受け止めましょう。「この時期に病気になったのは、少し休みをとれということだな」と思えばいいのです。「からだが悲鳴をあげているので、ちょうどいい」とブレーキをかければいいのです。

自分にとってマイナスのこと、嫌なことであっても、否定的にとらえないことが大切です。何かからのシグナルだ、警告だ。学びの機会、気づきの機会をいただいた。ありがとうございます。そう思えばいいのです。

病気をするということは、何かのバランスが崩れたということです。そうした機会に、からだと心を積極的に浄化すれば、自然にバランスを取り戻すことができ、病気は治ります。

からだのバランス、心のバランス、魂のバランスをとる方法が、ヒマラヤ秘教の教えにあります。この３つのバランスが整うと、「からだ・心・魂」のすべての機能が正しくはたらくようになります。

また、日頃の生活習慣で気をつけることは、適度な運動と正しい食べ方です。からだの弱い部分が分かると、それが悪くならないために、気づきをもって生活を正していきます。病気が治るプロセスで、心とからだの在り方を学ぶことができます。

不幸の種をまいたのは自分。だから悪いときこそ感謝します

私たちは自分が不幸な目に遭うと、その原因を他人や自分がコントロールできないもののせいにしたがります。

「あの人のせいで、自分がこんなことに」と人を恨みます。「運命だから仕方がない」と、見えない何かを恨みます。悪いのは決して自分ではなく、まわりのさまざまな要因のせいで、こんなつらい目に遭っている。そう考えることが多いかもしれません。

そして、思わず人に言葉の暴力や思いの暴力をふるうこともあります。

人は内側の心のはたらきが見えません。どんなからくりで今の現象が引き起こされてきたか、分かりません。心はいつも外の事柄をキャッチしようとして、外側に意識を向ける癖がついています。そして、何か自分に嫌なことが起きると、すべてが外のせいになります。誰かが悪さをするという感じです。

しかし、「類は友をよぶ」という言葉があるように、自分の何かがその現象と関わっています。自分がそれを引き寄せていることもあるのです。不幸なことが起きるということは、悪いカルマが嫌なものを引き込んでいる姿でもあります。

本人は気づいていませんが、過去生からの思いやおそれなどで、相手の心を無視して、自分の思いをぶつけているのかもしれません。湧き上がった自分の思いをぶつけて、相手を傷つけているかもしれません。

それは、自分を必死で守っているのです。その人のエゴにとってはよいことであっても、本人も気づかずに、その先、相手や自分にトラブルや不運なできごとを招いてしまうこともあるのです。カルマは複雑に関わっているのです。

カルマはその願いが昇華するために、現象となって現れます。それは、エネルギーを発散するための行為です。過去生での経験や潜在意識のなかにあるものに、あるきっかけでスイッチが入ります。それが、現実に現象として現れ、大事に至るカルマもあります。知らないうちにまいた種が実り、ときに不幸やアクシデントが起きてしまうのです。

それらは、すべて自分のカルマが引き寄せたものです。どんなに過酷な運命や試練であっても、それは自業自得なのです。自分の思いが引き金となり、内側で複雑にバランスをとって現れたものともいえるので、運命として受け入れなければなりません。そしてまた、気づきを進化させて対応していきます。

つまり、苦しい場面に遭遇したときは、「潜在的にあったものを引き出してくれた」と前向きにとらえます。「知らずにいたことを、気づかせてくれた。このままいけば、もっと大きな事故になっていたかもしれない」と感謝します。「反省や学びのいい機会ができた」と、自分に不足していたものを見つめます。

そうすれば、不幸が不幸でなくなります。起きたことは不運でも、次の成長へつながるよい経験になるのです。

悪いときこそ感謝する。この姿勢が、あなたに真の成長をもたらし、魂を進化させます。

感謝と集中で物事を行えば自然と苦しみから抜け出せます

人生のなかですべてが順調という人もいるかもしれません。よほど頑張っているのか、カルマがとてもいいのか、でしょう。そうはいっても、今後何が起きるかわかりません。転ばぬ先の杖は必要です。

また、人によっては、人生のなかで苦しみや悩みが大きくなることもあるでしょう。老いることの苦しみや、大切な人やものを失うときがあるかもしれません。一生懸命やっても、すべてがうまくいかないなど、誰にでも大なり小なり苦しみがあるものです。

苦しみの渦中にあるときは、なかなか客観的に自分を見ることができません。そのなかに埋没すると、解決の糸口がなかなか見つかりません。もがけばもがくほど、さらに深みにはまっていく場合もあります。「もうこれで悩むのはおしまい」と決めても、心がすっきり晴れることは少ないでしょう。

そんなときは、あなたの内なる神秘を目覚めさせてください。至高なる存在があるのです。そこにコンタクトするのです。人間として生まれたからには、進歩して、知恵の人になり、愛の人になる本質の豊かさを求めるのがよいのです。それは、あなたばかりでなく、まわりも進化させることになります。その聖なる波動を、内側で広げましょう。それには、祈ることです。そうしたチャンスのない人は、無心でからだを動かしてみましょう。歩くのもいいでしょう。頭を使うよりも、からだを動かすほうがいいのです。部屋を片づけてもよいでしょう。掃除をしてもよいでしょう。いらないものは捨てましょう。お風呂場やトイレを念入りに掃除しましょう。そのような心の使い方をします。

そのほか、自分が夢中になれることを行うのもよいでしょう。スポーツをすることも、絵を描くことも、歌を歌うこともいいでしょう。

過去に楽しかったことがあれば、そのときのことを思い出してみましょう。不運なことばかりではない、といった前向きな気持ちになり、やればできると自分に言い聞かせます。

そして、最も大切なことは、身のまわりの小さなことにも感謝をして、精神を統一して物事を行うことです。整理整頓をする。家のまわりを掃く。手間を惜しまず料理を作る。人に丁寧な挨拶をする。これらもよいことです。

こうした小さなことが精神のバランスを整えていくことになり、次第に自分や苦しみの本質を、冷静に眺められるようになります。

やがて「自分は、まだいいほうだ」という感謝の気持ちが湧き、自分のいいところを見つけていけるようになります。いつの間にか、苦しみは姿を消していくものです。

一つひとつの行いを感謝しながら、心を込めてやることは、不調や苦境を抜け出す一つの方法です。そして、すべてに感謝できる人になるには、見えないものからの恩恵を感じることです。それを感じることができる人になることです。

神につながり、自分を磨けば苦しみも悲しみも寄りつきません

生きていくうえで、人はどうしても悩みや苦しみを抱えるときがあります。人はそうしたストレスから逃れ、対処することを自動的に行っています。その機能が、からだと心にあります。方法は人それぞれ違います。

ある人は、おいしいものを食べることで忘れようとします。お酒を飲んで忘れようとする人もいます。そのほか、喫煙、ゴルフ、温泉、家族や友人に愚痴を言うなど、いろいろな方法があるようです。

それらは、苦しい心や感覚とは違ったところを使い、エネルギーの流れを変えて、苦しみのほうにいかないようにしています。そのことで、苦しみから少しは解放されます。しかし、それは一時的なものに過ぎません。

悩み・苦しみには、原因があります。その原因を根本から溶かしてしまう方法があります。この世界は苦しみの連続であり、どこにも逃れられないということになっています。しかし、神に出会い、神につながることで、悩み・苦しみから逃れることができます。それは、この世界で唯一の方法です。

神はそこらじゅうにいます。それにもかかわらず、多くの人は、神につながることができません。前述したように、人間は、神から分かれた存在です。人間の中の神は、魂に存在しています。ですから、魂につながればいいわけです。

神につながることで、すべてを生かしめている神からのサポートをいただけるのです。神を信頼することで、愛が降り注ぎます。悪いときでも、感謝の気持ちが自然に起きるようになります。健康になるための特別な機器や栄養ドリンク、食べものなどはいりません。

神につながるヒマラヤ秘教の伝授をいただくと、神にすぐさまつながることができます。ひとりでもつながることができますし、仲間が集うと、さらにパワフルに神とつながることができます。それは、この世で最高に豪華な時間の使い方ではないでしょうか。

さらに、無償の愛でよい行為をしていけば、それが次の行為のよい種となります。からだと言葉と心を正しく使ってよいカルマを積んでいくと、今生だけでなく、来世にもよいことが起きるようになります。苦しみや悩みの悪い連鎖は、断ち切ることができます。

皆によくして、元気に生きていく人がいます。しかし、やがて疲れてしまいます。皆にちやほやされて、あっというまに時間がたって、学べなくなることもあるでしょう。一方、「私が、私が」とアピールしない人のにじみ出る輝きは、まわりの人に安らぎを与えます。それは心で頑張るのではなく、バランスをとって、今にあることなのです。そうした人になるには、神につながり、コツコツ修行していくことです。すべての出会いに感謝するその気持ちによって、自分の内側がだんだんと磨かれ、輝いていくのです。

そんな人になれば、苦しみや悩み、悲しみ、怒りは、あなたに寄りつかなくなります。内面の美しさが、まわりの人に安らぎを与えます。人はそこへ吸い寄せられていくのです。そして、尊い存在になるのです。

苦しみを消すスイッチ ——「気づき」のこと

気づきは苦しみを消すスイッチ。無意識の執着や依存を消していきます

「なくて七癖」といわれているように、多かれ少なかれ、人は心の癖をもって生きています。

たとえば、不安や恐怖から自分を守るために、眠ったり、ため息をついたり、引っかいたり、身振り手振りをしたり、愚痴を言ったり、怒ったり、鼻歌を歌ったり、泣いて逃げる人もいるでしょう。

これらの行為は、いずれもエネルギーの抜け道になっています。そのことで、バランスをとり、自己防衛をしているわけです。

たばこやお酒を飲むのも癖でしょう。その癖が見苦しかったり、品格を下げるものであったり、健康を害するものであるときには、やめたほうがいいのです。

もの、からだ、思考につながるこだわりは、すべて癖と考えられます。人の視線を気にし過ぎることや、あることだけにすごく神経を使い過ぎること、度が過ぎた潔癖症、サプリメントを飲まないと不安で仕方がないなどは、執着の表れです。心の癖の一種です。

自分では気がつかない執着や依存が高じると、考えが限定されて受け入れられないことが多くなり、視野も狭くなります。そして、不自然で、窮屈で、不自由な生き方になります。そして、それらが苦しみや悩み、不安や怒りなどの原因になっていきます。

癖はそれと一体になり同化しているので、本人はなかなか気づきません。私のところではいろいろな修行をしますが、ペアで心の気づきのワークをすると、比較的気づくことが多いようです。その修行で、独特の癖が自然に美しいふるまいに変わっていきます。さらに瞑想をすると、心の内側が見えてきて、心の癖に気づくことができます。「自分にはこんな心の癖があるのか」「こうしてバランスをとっているのだな」と、気づくわけです。

瞑想時の気づきは、純粋な目で、ものや現象を、ただ見ることです。人やものを見るとき、多くの人は、好き嫌いの感情や先入観など、心の動きによって判断（ジャッジ）します。

それもひとつのバランスのとり方ではあります。しかし、瞑想を行って心が純粋になると、人やものをありのままに見ることができます。本当の気づきとは、心のはたらきを一切交えず、魂の目でただ対象を見ることです。

最初は、心で心を見ています。それが浄化されていくことで視点が変わり、ただ見るということが起き、対象と離れます。それは、苦しみや悩みが切り離されることでもあります。

苦しみや悩みは、そうして純粋な意識のもとに、消え去ってしまうのです。

気づきをもって覚醒することは、無知から知恵の人になることです

気づきについて、もう少しお話しします。

人は無意識で行動しています。行動する前には、欲望があります。それに気づくと、行為は正しい願いの行為になります。無知な欲望に翻弄されることがなくなります。

ここでいう無知は、「本当の自分」（＝真理）を知らないことです。

ほとんどの人は、自分は心である、または、からだと心が自分であると思っています。それは心が発達してきて以来、ずうっと心の願いのもとに行動しているからです。目は外を向き、耳も外の音をとらえています。そのようにできています。心の内側の思いを見るということは、普通にはできません。意識は外に関心があるからです。心の思いに翻弄《ほんろう》されています。そのことを、無知というのです。本当の自分を知らないし、本当の心を知らないのです。

もちろん心は素晴らしいものでもあります。クリエイティブで素晴らしい優れたものをつくります。ほしいものをつくっていきます。そして、はたらき続けます。

現代の生活は、忙しくてストレスも多く、心をたくさん使う場面が多くなりました。ですから、心のよさと、機能を進化させていかなければなりません。ストレスをため込むばかりでは問題です。

ヒマラヤの教えはそれをも助けます。心の無知から覚醒していきます。自分はいったい誰であるのかを発見していくのです。今までのように、何か知識を取り込んで成長する方法ではありません。

まず、心を浄めることで、内側に何があるのかを発見していきます。そこを、観察してみるのです。そのプロセスで気づきが起きてきます。「本当の自分」に気づくのが最終目的です。途中の気づきで、本質ではない、いらないものが外れます。「今怒っている」と気づくなら、それは心のエゴの爆発であり、本当の自分ではなく自己防衛の心がそこにあると気づくのです。そうすると、その怒りが表れてこなくなるように進化するでしょう。このように行為は、おそれから、自分を守るところから出発しています。

自分が否定的であったり、愛がなかったり、攻撃的であったりすれば、まずそのことに気づきます。すると、自分の内側の浄化が進みます。そうして、自分を変えて進化していきます。家庭でも職場でも、まわりの人に気づきをもって接します。自分がどんな状態か気づくことで、自分もまわりも大きく変わっていきます。

まずはこうした小さな気づきから始めます。それはいわゆる中庸の生き方です。右でも左でもなく、バランスのとれた状態なのです。それは、心を超えた気づきの意識をもっているのです。

気づき（＝覚醒）をもって生きていけば、自然にバランスのとれる位置に、自分を置くことができます。知恵の人になっていくことができます。

究極の気づきとは「本当の自分」を発見すること

最終的な気づき、究極の気づきは「本当の自分」になることです。そして、「自分＝心ではない」ことを実感し、「本当の自分＝真理」に気づき、それと一体になります。それは、「本当の自分＝神」を、実感することでもあります。

誰かの話を聞いたり、本を読んだりして、分かったり、信じたりするのは、ただの思い込みであることが多いのです。悪いケースでは、洗脳ということもあります。

自分で実践して気づくことが、本当の悟りです。純粋な魂のレベルから見て「これは私ではない。本質のものではなく、くっついたものであり、心の癖だ」と分かると、さまざまな執着が外れます。

そして、最後に残るのが、「本当の自分」です。それが、永遠の存在です。それは悟りでもあります。しかし、そこへはサマディの修行を通して達していくしかありません。

相手の鏡に自分が映るとき、「気づき」の瞬間があります

人間関係のなかには、相手への依存が無意識に強くなっていくケースがあります。自分から相手へは何もしないのに、相手からは何かしてもらいたい、もっとほしいと思い込みます。自分が相手に対してしたことに、見返りを期待します。それは勝手な思い込みであり、執着です。

人とのつきあいは見返りを期待せず、すべてを学びとして受け止めましょう。相手の喜ぶことをし、優しさを伝えましょう。愛を伝えましょう。

さまざまなやり取りに、誤解やイライラがついてくることがよくあります。そんなときは、理解し、許していくのです。そのことで、意識が覚醒していきます。無意識に行動し、覚醒していないと、お互いの関係が依存の関係に陥りやすくなります。仲がよすぎて相手への執着が強くなると、ジェラシーが生まれることもあります。人間関係の距離感は、どういうバランスがいいのか気づきが必要です。成長したいと思っているのですが、心が強過ぎると、結局のところ疲れます。程よい関係を保とうと、

心のレベルであれこれ操作しても疲れてしまいます。

ですから、心（マインド）を切り離すことができればいいのですが、それがなかなかできません。心で心のバランスをとることはできません。それは、心で心を見ることができないことと同じです。心は連綿とつながっています。心でやめようと思っても、すぐに覆《くつがえ》されてしまいます。心で離れようとすればするほど、追いかけられます。それが心の仕組みです。

たとえば、親子の場合はとくに注意が必要です。親子だからと、大きな期待を寄せています。「これくらいしてくれて当たり前」と、無意識に思ってしまっているのです。そのため、してもらったことへの感謝が足りなくなります。近過ぎるとありがたみもわからず、感謝することもできないということもあります。「かわいい子には旅をさせよ」と言いますが、それは親のためでもあるのでしょう。子どもに旅をさせて、離れて子どもを見ると、とてもいい感じになるのです。

できれば普段から、心をはたらかせないで、無心になって、相手に平和な安らぎのいいエネルギーを出していけばいいのです。それを受け取った相手もいいエネルギーを返してくれます。逆に、自分が相手を嫌いだと思うと、それを受け取って相手も同じようなエネルギーを出してきます。相手が鏡になって、自分の心が映し出されるのです。

そのためには、高次元の存在とつながることです。それが理想です。そのことでバランスをとります。さらに、瞑想を行って内側に入り、内側を浄めるのです。そうすると心が浄化され、無心になりやすくなります。

最初は、あの人は感じが悪いといって避けます。自分がどんなエネルギーを出しているか気づきません。しかし、相手が出しているエネルギーの感じの悪さは分かります。それこそが、まさに気づきの機会《チャンス》です。鏡のなかの自分を見て「よくないな」と思えば、行いを正し、出すエネルギーを変えていけばいいのです。

依存するなら
神（魂）に依存すればいいのです

目は外に向いてついているので、外のことはよく分かります。「人の振り見てわが振り直せ」と言いますね。たしかに、人の行為を見て気づくことは多いでしょう。それは自分のことは、なかなか気づかないということでもあります。

心が、自分のなかのエゴに気づくと、自分を責めます。自分のなかのエゴに気づき、そのエゴを許さないで、攻撃して元気がなくなってしまいます。

自分が注意されると、エゴは嫌な気分になります。すると、それを緩和させるために言い訳をします。自分の非は認めないのです。人のせいにして自分を弁護し、楽になろうとします。傷を浅くしようとします。そうしたことを、エゴはいつも行っているのです。素直にならないのです。

ここで自分の内側に目を向け、気づきをもちます。そうしてエゴを増やす方向から、エゴをなくし（エゴレス）、自分をなくしていく方向へ向かいましょう。

そこで自分を変えなければ、同じ状況が何度も訪れます。心のレベルにいると、自分がなくなることへのおそれがあり、明け渡しができないのです。

大いなる知恵の存在、神の前にサレンダーする（明け渡す）とよいのです。負けるが勝ちなのです。注意をされたら、その人のなかの純粋な存在を神と見て、ありがとうございますと受け入れましょう。そして、それを学びにして実力をつけていくのです。

世の中は、不平不満を口にはするものの、現状に満足している人がほとんどです。

自分から覚醒して気づきを求め、成長、進化しようとする人は、きわめて少ないように思います。

それは、心のはたらきに翻弄されているからです。心を切り離して、意識がリードする新しい生き方をしましょう。そうした生き方をしたのが、キリストでありブッダです。誰もが心を磨いて、心を超え、自由な意識の持ち主になり、真の幸せになれるのです。

誰もが年をとり、病気にもなり、死を迎えます。そのとき、自分が心と一体である人は、ひどく苦しみ、とても平安ではいられません。しかし、偉大なる力につながっている人は、少しも慌てません。それらのことを、じつに楽に迎えることができます。どうか「本当の自分」である魂につながり、覚醒し知恵の人になってください。執着や依存が心の癖であるならば、神につながり、お願いして明け渡すのです。

心が自分だと思い、その心を守るためのものが多いほど、執着が多くなり、エネルギーを消耗します。それらは心と感覚の喜びであり、本当の成長を阻《はば》みます。それに甘んじてそのレベルでバランスをとっているかぎり、深い知恵も真理の道を進もうという意欲も湧いてきません。そうした心の喜びには、やがて飽きがきます。すべてが色褪《あ》せ、魅力のないものになります。体力も気力もいつまでも続きません。

真理の道を歩くことは、心の安らぎになるのです。生きる力が湧き、永遠の喜びになります。年をとっても、さらに輝かせていくことができるのです。

エネルギーは無駄に消耗しない

生老病死を見たブッダ。「人生とは苦しみである」

ブッダは人間の生老病死の姿を目の当たりにして、人生とは苦しみであると感じました。どんなに物質的に満たされても、最高の教育を受け、最高の家族に囲まれても、生老病死からは逃れられないと、人生を儚《はかな》んだのです。

そんなとき、ひとりの聖者を見て衝撃を受けました。たいしたものをもっていないのに、満ち足りた表情をしていて、充実したエネルギーに溢《あふ》れていました。それをきっかけに、自分もその道を進みたいと、ブッダは出家して修行を始めました。

苦労をして生きることも、老いることも、病を得てしまうことも、死を迎えることも、避けることはできません。年をとりたくない、いつまでも健康で長生きしたいと願っても、かなうものではありません。まだ若い人も、自分の先行きを考えて、ぼんやり不安を感じることがあるかもしれません。どんなに若くても、日々死に向かって歩いていっているわけですから、無理もありません。

次に、私が感じる生老病死について紹介してみます。

生について

ブッダは、生きることは苦しみであるとしました。しかし、私は生きることは喜びであると、あなたに伝えます。苦しみがあるからこそ、どうして苦しいのかと自己を見つめ直し、よくないところは正していく学びの機会になります。

見えない力がそれを教えてくれているのです。自分を見つめることがないと、何も分からず、傲慢《ごうまん》で一生を終わってしまうかもしれません。苦しみが、バランスが崩れていることを教えてくれています。そこに、学びのチャンスがあります。

病気について

純粋な愛がすべてを癒《い》やします。病気も癒やします。病気になる人は、心の使い方に問題があります。何事も「過ぎたるは及ばざるがごとし」です。

一生懸命の心は、いいと思われがちです。しかし、頑張り過ぎて、疲れていることも感じていないのではないでしょうか。

また何事についても比較したり、妬《ねた》んだりするネガティブな心があると、エネルギーを消耗して、偏りができ、アンバランスになります。病気になることもあるかもしれません。

病気になると誰もが不安になります。人に迷惑をかけてしまうのではと心配します。そのように心を使うことで、免疫力がさらに低下して、病気が悪化していきます。

もっとあるがままの自分を受け入れます。自分を愛するのです。そのことで、ゆとりが出てきます。そして落ち着いて、さまざまなことができるようになります。

病気になると「なぜ、私がこんな目に遭うのか」「神様なんていない」「私は悪いことをしていないのに」と思い、神を恨んだりするかもしれません。

病気はありがたいものです。からだの声を聞かせてくれます。熱が出たり、痛みが出たり、その症状で、心やからだの使い方がどうなのか、気づくことができます。すべての症状は、自然治癒力が病気と闘っている姿です。

病気の症状については、そのようにとらえ、心配するのではなく感謝を学びます。

そして休息します。からだを整え、心を心配から愛に変えて整えます。否定から感謝へと、心の使い方を正しくします。何かを責めていなかったか、急いでいなかったか、心が平和でなかったのではないかと、反省します。

さらに、病気を乗り越えることで、病気になる前よりも強くなります。すべての恵みに感謝します。生かされていること、食べられること、歩けること、口をきけることにも感謝します。普段は意識しない、心とからだのはたらきすべてに感謝します。

からだは、よい使い方をすることで、免疫力が高まります。感謝が足りず、不平不満ばかりを感じ、からだを愛していないと、病気になります。からだを愛し、自分を愛します。からだと心によいことをして、いつもバランスをとることを心がけます。

老いること

人はからだと心と魂から構成されています。肉体と心は変化していきます。細胞は新しいものに生まれ変わっていきます。心は、ほしいものを手に入れると違うものがほしくなり、次々に望むものが変化していきます。

誰もが変化します。そして、年をとります。年をとることは「黄金」です。なぜなら体験を深め、理解が深まるからです。

お酒でも年月を経ると、よい味が出るようです。悪いものが入らないようにして熟成させたものは、値打ちが出てくるようです。何年物などと言っていますね。同じように、よい体験をする、人を助ける、カルマを浄化する、悪いものを排除して、静けさをつくり出すといったことが、よい効果をもたらすことになります。

よいものが混ざり合って理解が深まると、人生が楽しく、老いることでますます魅力が増す人になります。意味のある、楽しい人生になっていきます。老いることで体験が増えれば、内なる財産も増えていきます。それをゴミにしないためにも、よい体験をして、それに執着しないことを学ぶのです。

死について

死とは身にまとっている衣を脱いで、新しく旅立つことです。この世の責任を果たし、古くなった肉体をお返しします。

苦しみのない死を迎えるのも、高次元の存在につながることです。その波動をいただいておくと安心して死を迎えられ、旅立つことができます。自由になって充電し、また新しい旅立ちを待ちます。それは、嬉しいことです。

死はすべての終わりではなく、魂が生まれ変わる通過点

私のところでは、「死」についてのセミナーも開いています。死の準備をして恐怖を取り除きます。

死は、家族や友人、好きなもの、好きな景色など、すべてと別れていくので、心細く、怖いと思う人もいるでしょう。それはさまざまなものへの執着があるからです。あれもこれも手元に置いておきたい、手放したくないのです。

死ぬと、すべて無になると思っている人もいますが、そうではありません。死は、今生きている人が体験する通過点です。死が到達点ではありません。

肉体は物質なので、寿命があります。死が来るわけです。しかし、魂は永遠です。アストラル体も残ります。死を迎えると、記憶が刻まれているアストラル体は、肉体から抜け出て、同じクオリティのエネルギーのある場所に向かいます。アストラル体のなかにある魂もともに行ってしまうのです。ときに重いエネルギーの地獄とよばれ

るところにいきます。

そうならないためにも、ヒマラヤ秘教のディクシャという高次元のエネルギーの伝授でカルマを浄化し、神につながることでアストラル体は天国につながり、そこに導かれるのです。

人は肉体があるときのみ修行ができます。生きているうちに、カルマを浄化していくことが大切です。そのような観点から、肉体はあたかも衣のようなものだといえます。その衣を脱ぎ捨てて死に、ある期間を経て、修行するためにこの世に戻ってきます。その壮大な循環の一地点であり、通過点であるのが死です。人は死を通過点として、何百年、何千年にわたって、進化の旅を続けているというわけです。

修行である瞑想は、永遠の命をいただくために、覚醒して肉体を超える、不死の死ぬ練習のようでもあります。心を浄めると、すべてが覚醒して自然にイキイキしてきます。それと同時に、深い静寂も訪れます。深い静寂は、深い休息になります。

休息しながら覚醒するので、そうした静と動の体験は、より豊かに生きるまたとないヒントになります。今この世に生きているわけですから、大切なことは、「よく生きる」ということです。

そのためには、カルマを浄化することです。よいカルマを積むことです。この世に、今生きているということは、心とからだを美しくしていく機会を与えられたということです。その機会を生かして、軽やかに楽しく命の限り、力の限り、魂を磨いていきましょう。

悪縁は
良縁に変えられる

自分が変われば関係が変わる。悪縁も良縁も心が決めています

普段ケンカばかりしている夫婦がいました。奥様が私のディクシャを受けて家に帰ったとたんに、ご主人の態度が優しくなったというのです。これは、ディクシャによって奥様からいい波動が出るようになったので、ご主人も自然にいい波動を返してきたということでしょう。

この奥様は、ご主人に愛がないと思い込んでいたのですが、実際は自分がご主人を無視するところがあり、互いの不信感が結びついてしまったようです。ご主人が優しくなると、自分のそうした悪い点に気づくことになります。その気づきの機会を素直に受け止め、自分の非を認める勇気も大事です。そのことで、関係が一気によい方向へ向かうからです。

自分が変われば、関係も改善され、悪縁と思い込んでいたものが、良縁になることもあります。善悪を決めているのは、じつは自分の心なのです。

たとえば、自分から何かをもらいたがる人は悪い人（悪縁）で、自分に何かをくれる人はいい人（良縁）といった見方を、私たちはしがちです。これは、自分勝手な思い込みで、よい縁、悪い縁を決めていることにほかなりません。

自分は何もしないで、よい縁に出会いたいと考えるのは虫がいい話です。自分から変わって、見返りを期待せず、自分が与える側になっていけば、悪い縁などはなくなります。

さらに、そうして成長していけば、自分と同じレベルの人たちと縁ができ、より高いステージの人生を送ることができるようになります。

最初から良縁を望むより、よい縁に育てていくほうがいいのです

よい縁に恵まれて結婚したい、という女性の声もよく聞きます。はじめから条件が整ったよい縁があることは嬉しいことです。しかし、気づきをいただくためには、多少悪いところがあったほうがいいのです。少しはケンカをしたり、互いに反省したり

するような遊び（ゆとり）がないと、楽しくないのではないでしょうか。相手ができ過ぎた人間だと、自分がみじめになる場合もあるかもしれません。

すべてがピタリと合うのではなく、互いにとって肝心な部分が合えばいいでしょう。うまくいかない部分は、ふたりで見直して、反省して、修正していけばいいのです。相手は自分を映す鏡なので、パートナーの言動や態度を見て、自分の行いに気づくことも大切です。相手に学ばせてもらっていると、日頃から感謝する気持ちをもちたいものです。

もし、ふたりが悪い縁で結ばれているとしても、さまざまな気づきの機会を学びとしていけば、必ず良縁に変わっていきます。良縁を探すこともいいのですが、良縁を育んでいく意識も大事にしましょう。

さらに、人を助けたり、祈ったり、よいことをしていきましょう。善行が功徳《くどく》になり、よいエネルギーを蓄積することになります。

よいカルマを積めば、よい縁ができ、よい人を引き寄せます。それを続けていけば、人生はいくらでもよいものになっていきます。カルマの法則に則ったやり方です。

無意識でしょうが、カルマの法則を無視した言動を行う人がいます。心に不平不満をもち、人を批判し、欲望のまま行動してしまうのです。それは、悪いカルマのせいです。すると、悪い縁や、その人と同じ低いレベルの人を、引き寄せてしまいます。心は同じクオリティ、同じ種類、同じレベルのエネルギーとつながります。暗いことを思っていると、暗いエネルギーとつながり、暗いものを引き寄せるわけです。すべては自分の行いと気持ち次第です。怒りや苦しみの原因となる物事は、自分の心が引き寄せているのです。

そうした思いをコントロールできる人になっていくことが必要なのです。

怒りや苦しみは、心がつくり出します。
悪いカルマが、嫌なものを引き寄せている姿でもあります。

「感謝」と「集中」で物事を行うと、怒りや苦しみから抜け出せます。

魂の目で見ると、「ただ見る」ということが起き、
対象と離れます。それは、苦しみや悩みが切り離されることです。

今ある自分を受け入れ、愛すると、ゆとりが出ます。

第3章

本当の幸せ

不満や物足りなさがふつふつと湧き上がってくる理由

足りないと思えば不幸になり、これで十分と感謝すれば幸せになります

第2章では、人生のうまくいかないことについて考えました。それは、自分の本当の成長と進化へとつなげることができる大切な機会です。ここからは、人間なら誰もが願い、求める、幸せとは何かについて見てみましょう。

「幸せ」の反対は「不幸」です。どのようなときに幸せではないと感じるかは、人それぞれだと思います。たとえば、いつも不運でついていない、なかなか思うように物事が運ばない、何をやっても達成感がないと感じている人もいるでしょう。自分に落ち度はないのに結果として報われない、やり遂げ完成させることはできたけれども、満足感や喜びが得られないということもあります。

充足感や喜びの感じ方は、人それぞれです。ある人は小さなことても、とても喜んで満足します。同じことが、別の人には不満足になったりします。

人の心は、常に「足りない、足りない」と探していて、それが癖になることもあります。その心の癖は、第2章でご紹介したように、次から次へと際限なく不足を探し出し、欲望をエスカレートさせていくのです。

人と比べて才能がない、お金がない、美貌がない、家庭的に恵まれていないなど、わざわざ不満を拾い出すこともあります。そうすると、否定的な考えがぐるぐる回って、それにとりつかれたかのようになり、暗く不機嫌になってしまいます。ひどいときには自暴自棄になります。こうしたときには、当然エネルギーが停滞しています。

逆に満たされ過ぎて人から与えられることに慣れてしまうと、それが当たり前になってしまいます。そうすると、何も与えてくれない人には「何もしてくれない」と不満をもちます。これでは、どこまでいっても満足は得られません。

自分に今あるもの、もっているものを点検してみましょう。くつろげる家庭があり、愛する家族や恋人、友人がいます。健康なからだがあり、やるべき仕事がある……、こうして挙げていくと、かなりの数になります。そのなかには、今まで気がつかなかったこともあると思います。そうすると、自然に感謝の気持ちが湧き上がってきます。

「こんなに自分は恵まれていたのか」と謙虚な気持ちになります。

このいいサイクルへ、あなたの意識を向けましょう。そして、何事にも「いつもありがとうございます」と感謝します。不満があったときには、自分の内側を見つめ直すきっかけをいただいたと、これも感謝にしてしまいます。それが第2章で紹介した「気づき」です。知恵の人になるチャンスです。今あるもので満足する。悪いときは学びとして受け取る。この心がけがあなたを大きく成長させます。

自分の欠点は見えなくても、他人の欠点は目につくものです

私たちは不足しているものに、目がいきがちです。すでにあるものは、日常のなかに溶けてしまったようになっているので、ほとんど目につかないからです。何かがなくなって、はじめてその存在の尊さがわかることもあります。

心は、両親、学校、社会の教育などで、価値観が培われます。また危険から身を守るためにも、不足を発見するようになっています。

人には常に成長をしようとする生きる力があり、必要なものをかき集めようとしま

す。人には過去生からのカルマがあり、それに則《のっと》っていろいろな願いをかなえようとします。

そこに抵抗があると、相手を非難したり、違う方法を探したりして、相手や自分の不足をとりあえず補い、バランスをとるのです。しかし、それは、よいバランスのとり方でも、本当のバランスのとり方でもありません。いわば一時的なバランスのとり方です。

一時的なバランスのとり方の特徴は、一度スイッチが入ったら止まらないところです。ずうっと続いてしまい、そのうち癖のようになります。スイッチを切るときは死ぬとき、といった感じなのです。

心はそのようにできています。そのやり方を覚えたら、もう修正が利かないのです。スイッチを切ってリセットということができないのです。ですから、人間は育て方が大切であるといわれています。三つ子の魂は、１００歳まで修正が利かないのです。そのため正しい教育をするわけですが、そこに教育のおそろしさがあります。教育が偏っていたりすると、いわゆる洗脳になりかねません。私たちは、社会が常識としているものによっても、ときにはテレビのコマーシャルなどによっても、洗脳のようなことをされている可能性があります。

怖いことですが、一度染められると消えないのです。白地の布に染め上げられた鮮やかな模様のように、最初に覚えたことが消えないのです。

そこで、どうするかです。間違ったことを最初に覚えてしまった心を、いったいどうすればいいのでしょうか。

心は、欠点を見つけることが得意ですが、自分の欠点には、なかなか気づきません。人の欠点や不足については、素早く見つけます。「自分のことは棚にあげて」、他人のことを評価、判断（ジャッジ）してしまうわけです。

人の欠点が目につきやすいのは、こうすべきという価値観が、染み込んでいるからです。その価値観のほとんどは、両親や学校、社会から教えられたものです。

その価値観に合わないと、苛立ち、批判したくなります。そうして、いつもまわりをチェックしているので、心はいつも平和ではありません。

人間というのは、人から欠点を指摘されても、そう変わるものではありません。しかし、自分を理解してくれ、ジャッジせず、あるがままを受け入れ、そのうえで愛に溢《あふ》れた言葉をかけてくれたならば、ガラリと変わります。

ですから、こだわりの欲望を捨てて、相手の幸せを祈るのがよいのです。相手に何かを要求することなく、相手にとってよいものを捧げることがよいのです。

そうすれば、相手は変わってきます。そのような相手は、あなたにとっては、学びの対象です。あなたは相手から学びをいただいているのです。そのことに感謝して、おつきあいしていきましょう。

心のままに行動をしていると不満が70％、満足は30％

心はいつも動き回ります。それが心の習性です。さらに自分を満足させる何かを探しています。それは、不満を探し続けることでもあるのです。

「どうして自分だけが」「こんなはずでは……」「許せない、腹が立つ……」。

それは、今よりよくしようとしているからです。そこには成長しよう、よくなろうという力がはたらいています。でも、その土台にあるのは、不足の思いです。さらに、悔しさ、みじめさ、つらさや腹立たしさなどの負の感情もあるかもしれません。

こうした心の命じるままに行動していると、満足は多くても30％くらいで、70％以上は否定的な気持ちになるのではないでしょうか。相手を上げたり下げたりして、自分の心を落ち着かせようとします。それでも、どうしても否定的な気持ちになっていくのを、どうすることもできません。

このように、自分の心をあれこれ操作しようとするのも、自己防衛です。自分を哀れに見せて、救いや優しさを求めようとします。その反対に、自分を優れた人に見せて、人の信頼を獲得しようとすることもあります。

それらが、やがてより激しい競争意識になったり、不安や嫉妬《しっと》になったりして心が消耗してしまい、本人は疲労してしまうのです。

私のところの会員さんの話です。その方の息子さんが助からない病気にかかってしまい、「元気を出してください」と励ます意味で、ある修行のプログラムに参加していただくことになりました。

翌々日、その会員さんから「嘘のように元気になりました。このプログラムは本当にすごい！」と、感謝の報告がありました。

プログラムで、アヌグラハという神の恩寵《おんちょう》が、彼女の深いところに流れ、自然に否定の心を溶かしていったのです。そのことにより、意識が１８０度変わったのです。

人が思い悩んでいると、否定的な心はさらに否定的なものを引き寄せ、人生は暗いものとなっていきます。

しかし、こうしてすぐさま真理のレベルのエネルギーで内側を変容し引き上げられるのは、奇跡です。ただし、否定的な思いを変えるときに、誰にでもできることもあります。それは不足しているもの、ないものを思い浮かべるのではなく、今あるもの、すでにもっているものを思い浮かべて、「これで十分、これだけあれば幸せ」と感謝します。感謝をして現状を肯定します。そうすると、気持ちが前向きになってきて、何でもできる気がしてきて、実際にやったらできてきてしまったりします。

先入観や執着でブロック（壁）をつくらないことも、とても大切です。どうしても壁ができてしまったときは、心から感謝をすると執着が溶けて壁がなくなります。「ほしい、ほしい」という心が執着のもとになっています。これで十分と満足をし、感謝をし、与えるという意識に変わります。すると、執着も壁もほどけていくのです。今あるものに感謝しましょう。人の豊かさはものの豊かさではなく、内側の豊かさです。それをまわりへ出していきましょう。無償の愛で親切にしていきます。それが、善行です。皆から感謝が返ってきて、あなたはさまざまな面でうまくいくことになるでしょう。

自分にいいものが返ってくると信じます。そうすれば、不満や不足、物足りなさが自然に消えていきます。

人と比べると苦しくなります。自分の深い部分を愛してください

人の心にはたくさんの体験と知識が、記憶されています。視覚が何かをとらえたとき、前の記憶に符合するものを探します。ときには、自分がもっているものと、どちらが優れているかを比較します。優れていると安心して、さらに進んでいきます。優れていないと、そこにノーを出して抵抗します。あるいは自分は負けたと思います。

それが、過去の嫌な体験として記憶されます。もっている、もっていないと、単純に比較することもあります。それは、お金、地位、住まい、才能、容貌、服飾品にいたるまで、目に入るものすべてといっていいほどです。

自分がもっていないことがわかると、比較した相手以上のものをもちたいと思います。それをバネにしっかり頑張ることを、「ハングリー精神があっていい」とほめた

りしますが、それをずっと続けると、エネルギーが消耗して苦しくなります。

それぞれの人は、努力をしています。その結果、それに応じたものを手に入れているのです。努力していなければ、得られません。相手が物持ちならば、その努力を称賛しなければならないのです。そこから、学ぶものがあるのです。

子ども時代、何かが得られなかったりすると、それがトラウマになって比較する心が強くなり、何かにつけて比べるようになります。

自分のユニークさを信じましょう。そして、心を浄化します。客観的にみる心を養います。自分を愛します。自分と他人を比較する心があると、苦しみが生まれます。自分の深いところを愛すると、比較する必要がなくなります。

魂につながり、本当の自分を愛せば、大きな安心感に包まれ、他人と比較する必要を感じなくなります。今の自分で大満足だと感じるでしょう。そして、相手を羨《うらや》むのではなく、その幸せを祈るようになります。

内側から湧き出てくる幸せ

人やものに依存する幸福はありません。幸せは内側から湧き出るものです

人は幸せを求めて生きていきます。その幸せは、ほしいものを手に入れたり、飢えをしのぐことであったりします。そのような幸せを手に入れようと、いろいろなことを創造して、便利で快適な今日を築きました。現代人には、さらに人間関係を豊かにしたい、才能を伸ばしたい、いい仕事をしたい、いい家族をつくりたい、もっと遊びたい、旅行に行きたいなどの望みがあります。

ものはもう満たされたので、お金そのものを殖やしたいとギャンブルのように投資を行う人もいます。すると、そのことが大きなストレスになります。そのうえ、執着が増えてしまっているので、さらに本当の幸せが遠のいてしまいます。

一方、交通事故に遭ったり、原因のわからない病気になったり、勤めている会社が倒産したり……。そんな不幸なできごとに襲われてしまう人もいます。

大地震、津波、火山の噴火などの天災や環境の激変なども、ないとはいえません。それらが起きると、形あるものの儚《はかな》さを、目の当たりにすることになります。

１００人いれば１００人なりの幸福の形があっていいのですが、どのような幸福も、形あるものであったならば、消えてしまうことを知らなければなりません。たとえそれらが、この世に残ったとしても、それらすべてを置いて本人は死んでいくのです。

この世に残していったもの。それは自分の外側のものばかりです。自分の外側のものを集めての幸福は、自分のまわりのものや人に依存する形の幸福でした。それは心が追い求め、構築してきた幸福でもあります。

私たちは、外側のものを集め、心と感覚を喜ばせています。それは、人と比較したときに優越感が湧き、エゴが喜ぶものです。変化するものであり、飽きるものですが、飽きるまでは皆楽しんでいます。

ここからさらに、人間として意識を高める必要があります。進化した生き方へと、ステップアップするのです。

見える世界は、変化するものでできています。変化するものは永遠ではなく、なくなってしまう儚いものです。その奥にある永遠の存在を実感していかなければ、本当の幸せはないのです。このことは、体験しないと理解できないと思います。

心の幸福は、手に入れるまでに苦労があり、ストレスがあります。それを目標に頑張ります。必死で頑張ります。手に入れた後は、それを失うことが不安になります。心の幸福は、手に入れても入れなくても、苦労が絶えないのです。

しかし、人はこの世界で生きなければなりませんから、衣食住を支えるためのものを集めることも必要です。それは外側の世界との関わりです。今までの生き方では、そこでのストレスが大変でした。執着や競争で疲れていったのです。

そんななかで、よりよい生き方をするには、どうしたらいいのか。

無限の存在からの祝福をいただくことです。ヒマラヤ秘教のシッダーマスターよりディクシャ（↓48ページ）を受けて、神とつながり、パワーをいただきます。そのことにより、心を浄化しながら自分も他人も幸せになり、願いをかなえ、見える世界での幸福もかなえられていきます。

「衣食足りて礼節を知る」という言葉がありますが、それで終わりではありません。

そこからさらに最高の幸せを目指します。素晴らしい人格の完成を目指します。

ほしいものを手に入れても、神の守りがなくエゴで頑張っていますと、からだと心を使い果たしていろいろな障害が起きてしまいます。

しかし、最初から、無限の存在からの祝福をいただいて生きていると、社会の成功と、さらに悟りへの道を進むということで、生命力が尽きることはありません。

それが、現代に合った知恵のある人の生き方です。あなたも、ぜひこの生き方で、見える世界と見えない世界の両方の幸福を手に入れてください。

ヒマラヤの教えは、自分とまわりを労《いたわ》り、才能を開花させる教えです。なぜならサマディマスターのサンカルパ（サマディレベルでの意志力）は、あなたの願いをかなえるからです。

この世の幸せも享受しながら、本質の幸せに向かうのです。魂から愛を引き出し、信頼します。それによって喜びを引き出します。エネルギーの質が高くなります。いいエネルギーを自分から出して、まわりにシェアしていくのです。

それは、自分を生かしながら、皆が幸せになるという、最高の生き方です。神からの幸せは、無限からのプレゼントです。その喜びは、内側から湧き出ます。消えない永遠のものです。自然と内側から喜びが湧いてきて、幸福感に包まれます。

人として成長することが私たちの永遠の生きがい

皆さんそれぞれに、一生懸命に仕事や家庭のこと、勉強などを行っています。それぞれの役割でやるべきことをやっています。会社をつくる人、企業を経営する人のもとで、多くの人が働き、その人の生活が成り立っています。

会社は、皆の力の結集で成り立っています。そして、世の中に必要なもの、便利なものを提供しています。そうしたなかで、日々学びがあるかと思います。もっと昇進したいなどという向上心もあるでしょう。

そのほか、生きがいをもって活動している人もたくさんいます。ボランティアであったり、何かを創造することであったりします。それをライフワークとしている人も少なくないでしょう。何かに打ち込み、そこに喜びを見出す姿は美しいものです。

人は、カルマによるさまざまな出会いがあり、生きています。今生《こんじょう》においてよいカルマを積めば、今生のこれからも、来世もよい結果がもたらされることでしょう。

一方、人は、知らないうちに人や自分を傷つけています。とりたてて何にも注意しない生き方をしていたり、心のままに生きていたりすると、なおさらです。心のままに生きることは、心の欲する欲望のままに生きることにほかならないからです。

社会生活をしていくには、どうしても心を使います。その心を、おそれから使ったり、逃げるためや自分を守るために使うと、どうしても相手を否定したり、ときには自分を否定したりして、バランスをとることになります。そのことにより、疲れ果ててしまいます。

そんなときはできるだけ、相手も喜ぶカルマの使い方をしていくのです。カルマをよくしていくと、性格が変わり、仕事の内容も変わってきます。人を助け、喜ばせる仕事になります。

さて、もう少し深く考えてみましょう。人と仕事は、一生の関係ではありません。ある程度の年になると、退職が待っています。しかし、それからも生きていかなければなりません。子育ても、子どもが20歳を過ぎると手が離れるので、生涯の仕事ではありません。その後の人生の生き方を考える必要があります。

心で気に入ったこと、自分の好きなことをやっていて、それを表現します。しかし、好きなことであっても、心やからだの負担になっています。若いときのように何でもできるほど体力がないのです。無駄に頑張ると、体力を消耗し、疲れてしまいます。

本当の生きがいを見つけると、ガラリとよくなります。真理に出会っていくのです。人間は、そのために生まれてきました。真理に出会っていくのが人生の最高の目的です。それまでは心を使い、もっているものを失うおそれから、いろいろなことを行ってきました。仕事や子ども、自分の外側のものに依存した生き方です。しかし、それはただの消耗だったのです。

社会に生き、リタイアする時期に好きなことをしながら、本質的な生き方を始めるのがいいのです。願わくば、そのような生き方を始めるのは早いほうがいいのです。なぜならそれは、社会での成功をも導く助けとなるからです。また心身の浄化ともなり、悟りに向かうのです。

根源的な生き方をすることが、本当のカルマの願いなのです。本当の自分を発見する生き方です。それを神につながって行います。信頼により神の守りとパワーをいただき、そしてカルマから自由になる、楽になる生き方、心から自由になる生き方です。

自由な心で、クリエイティブになれます。まわりとの関係を、調和と愛の関係にします。その関係が大切です。

ビジネスならば、人を育て、愛をシェアし、知恵の仕事をします。そうすれば自然と浄化が進むとともに、日々の生き方がその人を変え、いいものがまわりから寄ってきます。そういう生き方を意識して行うことで「本当の自分」に向かうのです。人間を真に成長させ、魂を進化させるのです。それが本当の人生の目的なのです。

幸せな人がもっているもの・していること

健康が幸せの前提条件。幸せな人は生命力と知恵をもっています

幸せであるために、まず大切なのは健康です。病気や体調が悪いと、気分が悪くなりますし、集中力が欠けてきます。病気が治るまで、不安な気持ちになります。

健康でいるためには、規則正しい生活が、昔からすすめられています。しかし、現代社会に生きる以上、やらなければならないことは多く、多忙は避けられません。人間関係が複雑になっているので、ストレスも避けることができません。

そんななかで、幸せになるためにどういうことをしたらよいでしょうか。

まわりと調和をはかります。

心身や環境を清潔にします。

すべてのものや人を愛します。そのなかに神がいます。人間関係を調和のあるものにします。尊敬します。人にシェアします。

幸せな人は、シェアする人です。すべては神からいただいたものであり、自分に属するものはありません。ですから、与える生き方をするのが正しいのです。与える生き方をする人は、まわりを生かしていく人です。

何かを見たり聞いたりするといろいろな思いが浮かぶでしょう。それはよい思いばかりではないでしょう。しかし、あえてストレスさえも、感謝に変えて流していきます。最高によい方法は、すべてを愛に変えて流していくことです。

このようなエゴを落としていく生き方をする人は、信頼できる人です。そのような人を、ヒマラヤ秘教では、理想の姿としています。愛そのものになります。愛は、心の奥にあります。

その奥に命があり、その命のはたらきは太陽です。太陽は輝いてすべての物質に命を与えています。幸せな人の佇《たたず》まいは、人に愛を与えていく、そしてエゴを手放していく姿なのです。

そして、幸せな人は生命力と知恵をもっています。生命力があればパワフルに、アクティブに活動できます。仕事も高いレベルでこなすことができ、集中力も高くなります。さまざまな才能も開花します。知恵があれば、クリエイティブな仕事や生き方ができます。そして、いいアイデアも浮かびます。

そこには、心を超えた力がはたらいているのです。できればヒマラヤ秘教のディクシャを受けることで、神につながってください。そして、カルマを浄化し、本当の自分に出会うことで、生命力を高めるのです。

生命力が高くなれば、ストレスはたまりません。集中力がついて多くの能力が向上します。願いごともかなうようになります。病気になりにくくなります。

カルマを浄化することです。そして、よいエネルギーの波動に守られて今生を楽しく有意義に生きていきましょう。

人はまわりに理想の人がいても、その人になることができません。あなたのなかに真理があるのです。それになることが、すべてを知っていくことになるのです。

あなたは、あなた自身になるのです。

そこにあなたを成長させるエネルギーがあるのです。

マインドパワーのオーラは疲れてしまいます。オーラがあっても幸せとは限りません

よく「あの人にはオーラがある」などといわれます。独特の雰囲気をもっていたり、見るものを圧倒する力を出したりしている人を、そのようによぶようです。そうした人たちは、人目につく派手な印象や華やかさがあり、まわりからは幸せそうに見えたりもします。

本来、オーラは内面から醸《かも》し出されるものですが、自分の心のもち方で意識してオーラを放つこともできます。マインドパワー（心の力）を意識して使っていると、マインドのレベルの波動が出て、まわりの人にはそれがオーラとして感じられるのです。

たとえば俳優や芸能人といった職業の人たちは、いつも「きれいに見せよう、何かを表現しよう」とマインドパワーを使っています。そのため、それが癖になり、マインドレベルのオーラが発達して強くなります。

マインドレベルのオーラのパワー（マインドパワー）で、人を圧倒する輝きを放つ

ているのです。マインドパワーは、訓練することで強くなります。子どもの頃から、親がそのように育てると自然と発達する場合もあります。

しかし、これはあくまでも心の力によるものなので、いつまでたっても自分の成長につながりません。修行をしたわけではないので、あるひとつの回路が強まり、それが癖となって外れないので、無意識に消耗して苦しいものになります。

また、心の力が強いことで、ネガティブにも変わりやすくなります。悪いものも引き寄せる力が強くなることもあります。

オーラのある人は輝いて幸せそうに見えますが、じつは本人は疲れている場合が多いのではないでしょうか。それは、心でつくり出した幸せを演じているからです。ただ消耗をしているだけなので、ある日突然、エネルギーが切れてしまうこともあります。

大事なことは、内面から変えていくことです。そうすれば、自然と内なる美しさがにじみ出てきます。知恵が湧き、愛が湧いてきます。きれいに年齢を重ねることができ、静かに輝く人になれます。

精神が成長すると、品格のある人になります

インドでは、４カ所の聖地（アラハバード、バドリナード、ウジェイン、ナーシック）の聖なる川辺で、それぞれ12年に一度、クンムメラの大祭が開かれます。私は、クンムメラのなかで真理の証明のために、地下洞窟で４日間、深い瞑想からさらに死を超えて神我一如《しんがいちにょ》になる公開サマディを行いました。そこで多くの人々に、愛のシェアのダルシャン（聖者の謁見《えっけん》）を行います。

クンムメラの大祭は、聖者のお祭りで、各聖者はテントを張って信者にダルシャンを行うのです。開催される期間中、延べ数千万もの人が訪れます。そのなかに、わずかなヒマラヤの聖者もいます。

ヒマラヤは広く、そこに入って生涯をかけて聖者を探しても見つかるものではありませんが、クンムメラの大祭のときには、運がよければ聖者を見ることができるかもしれません。そのほかインド中にいる出家の聖者が集まります。

聖なる川での沐浴と聖者の祝福を求めて、多くの人々がやってきます。

そこに集う修行を積んだ大聖者は、まるでスターのような人気です。その風貌は神秘であり、静寂は人々を魅了し、尊敬を集めています。

それは、本質からのものです。

世間では、肩書きや地位、名誉のある人たちが、幸せだと思われがちです。それは、もちろん努力の賜物で、素晴らしいことです。しかし、その喜びは一時的なものです。その栄光がずうっと輝き続けることはありません。

ヒマラヤの教えは、見えない至高の存在である神の力を信じます。愛、生命力、知恵など、人間が必要とする本質的なものすべてが、そこにあります。

神を信じること、さらには神になっていくことで、その宝のすべてを手に入れることができます。ヒマラヤの聖者は何ももっていませんが、人間にとって大切なものはすべてもっています。

その内側を満たしているものは、変化することのない永遠のものです。

インドの四住期に見る30代からの生き方

インドには、紀元前のバラモン教の時代から、四住期とよばれる人生の過ごし方の指針があります。四住期とは、学生期、婚生期、林生期、遊行期のことであり、それぞれの時期にやるべきことが示されています。

バラモンは司祭という意味で、インドの階級制度で一番上の階級です。彼らは神について学び、神に祈っています。四住期は、もともとはバラモンの生き方を示したものでした。それがインドでは、今なお偉大な生き方として、経済的に豊かな人やインテリの間でも行われています。

四住期の根底には、神＝「本当の自分」に出会うことが、人生の目的であるという考えがあります。四住期は、そのために年に応じてやらなければならないことを定めたものです。

学生期

学生期は学びのときです。社会で生きていくためのスキルや自然界のこと、社会の仕組み、神のことも学びます。知見を広める時期です。

婚生期

婚生期は子どもをつくり、育て、家庭を愛あるものにし、そこでさまざまなことを学びます。また、社会に出て学びます。ものとの関係や人間関係も学びます。相互に助け合うことを学びます。

林生期

この時期は、ひとりきりになり、森へ入って苦行と瞑想を行います。そして、自分の中に何があるのかと、自分を見つめ、自分の内側について知っていきます。

社会で学び、いろいろ苦しみ、垢《あか》がつきます。それを、瞑想することで浄化し、真理に気づいていきます。

遊行期

神への信仰が高まり、神とともに世界をめぐるのが遊行期です。世界に無償の愛を与えます。こうした生き方の指針があることは救いです。死んで肉体を離れ天国に行くまでの間、自分を磨くのです。

単にものを集め、知識を身につけるということではなく、本来の姿、神とともにあった純粋な姿に戻ることで、すべての苦しみを取り除き、最高の成長を果たします。すると、知恵が湧き出て生命力が高まり、病気が消えて、愛が湧き出て、心の美しい、神秘な人に生まれ変わります。最高の成長への道を歩んでいきます。

次に、現代の日本に生きる女性の皆さんに、私が考えた「四住期」のプランをご紹介したいと思います。

婚生期（30代〜40代の女性）

最近は、女性も才能を発揮して社会で活躍していますので、そのぶん、結婚も遅いようです。ですから、出産して子どもを育てることは、大変な面もあります。しかし、出産はとても大きな学びの機会でもあるのです。

私は、皆さんの幸せのお手伝いをさせていただいているとき、よく耳にすることがあります。それは、両親とうまくいかないという成人した方の悩みです。

親を愛していることは、間違いありません。そのうえで、親に対して過度におそれがあったりします。それに、親がこうしてくれなかったと、不満をもっているケースも多くあります。

また、そうした自分の負の体験を、自分の子どもにもしてしまうようです。イライラしたり、叱ったりしてしまうのです。親へも自分の子どもへも、うまく愛を出すことができません。

親との関係、夫の親との関係は、ただ一生懸命に尽くすだけでは解決しません。そこには尊敬が必要であり、相手に対する理解が必要であり、何より愛が必要です。

あなたは神を愛することで、心を使うのではなく、愛の回路を開きます。無償の愛です。人生は心で奪い合い、憎しみ合うステージではありません。皆が神の子であることを実感し、尊敬し合い、慈しみの愛を実践していくためにあるのです。

婚生期は、そうした過程での愛を学ぶ素晴らしい期間です。あなたは家族を通して、社会の関係、夫との関係、子どもとの関係から学び、さらに愛を進化させ、無償の愛をはぐくむのです。人との関係にも無償の愛をはぐくみます。

林生期（50代〜60代の女性）

子どもにすべてを譲り、ゆっくり自分を見つめます。悟りへの道を歩むときです。人と離れ、自分自身になっていきます。社会の責任を果たし、また子育ての責任を果たしたので、瞑想を行い、カルマを浄め、愛をシェアし、皆も幸せになるように助け、徳を積み、浄化して、本当の自分になっていきます。

遊行期（70代〜80代の女性）

真理を求め、神とともに生きていきます。人格を磨き、健康を取り戻し、与える人となり浄化していきます。

インドでは、アシュラム（聖者の家）や寺院などで奉仕を行う人が多くいます。自由な身になって、まわりの人に捧げる生き方、布施や奉仕をしていきます。何ものにもとらわれず生きていくことができます。

いつまでも変わらない幸せ

取り込む回路から与える回路へスイッチ。与えると自分に幸せが還ってきます

修行をしてエゴを落とし、浄めていく人を、仏教では菩薩《ぼさつ》といいます。菩薩は、悟りを先に延ばして、自ら信仰し、人々に信仰の道を知らせ、人に奉仕しながら悟っていきます。人々に、いろいろなものを与えることによって執着をはずし、悟っていくのです。

あなたは、その菩薩の像を見たことがあるかもしれません。片膝を立てて、すぐに人を助けにいこうと構えているのが、菩薩像です。ロータスポーズ（蓮華座）で足を組んでいると、たしかに緊急に助けるときは、間に合わないかもしれません。片膝を立てているのは、人に手をさしのべる奉仕の姿勢、愛を与える心を表しているものでもあります。

人間は生まれてから、いえ生まれる前から、心に欲望や不安などをかき集め、ため込んでいます。取り込む回路ばかりを使い、カルマをつくり続けています。

ですから、カルマを浄化するには、手放す練習が必要なのです。取り込むのではなく、差し出していくために、与える回路、手放す回路をつくります。相手が喜ぶものを手放します。自分から出ていくものは、愛、優しさ、施し、奉仕などです。

そうして「自分が、自分が」とか「あれもほしい、これもほしい」と取り込む姿勢をやめ、自らまわりの人たちに与えていくのです。

それが真の成長となります。まわりまわって、あなたの幸せにつながります。

捨てれば楽に生きられます。執着や依存を手放す癖をつけます

人生の目的は、真理に出会うことです。それは悟りを得ることです。そのプロセスで、すべての疑問がほどけ、愛が溢れ、人間関係がよくなるのです。それには、心を限定する執着を手放さなければなりません。

心は、いつも落ち着かなく動き、磁石のように取り込む性質があります。欲望で引

き寄せてため込むのです。それが、心の執着やこだわりとなって、魂を覆い曇らせます。そのために、魂が輝かなくなります。

人は、もっているものと一体になっています。心は何かを手放すときに、寂しい、不安、惜しいなどと思いがちです。それは、執着があり、依存があるからです。心の奥深いところには、恐怖もあります。自分の一部ともなっているものを手放していくことは、寂しいことかもしれません。しかし、不要なものは捨てたほうがいいのです。身軽になって成長する人生を歩んだほうがいいのです。

執着や依存を手放す癖をつけましょう。そうすれば、楽に生きることができます。そのうちに、手放すことが満足感や快感につながるようになります。

心がけだけだと手放すことは難しいので、神を信じ、ヒマラヤの教えに従って神につながり、パワーをいただきます。すると、自然に手放すことができるようになり、一瞬で執着がとれてしまいます。

チャリティやお布施をしたとき、罪の穢《けがれ》やもろもろのカルマを落としてもらい、解放されたと、私のもとに多くの感動の体験が寄せられています。

チャリティやお布施はもちろんいいことであり、善行です。布施は深い執着をとり、浄化します。さらに神からの祝福があり、解放され、幸せになるのです。

もともと人間には失うものなどないのです。執着しているものは、自分のものではなく、たまたま自分と一緒にいたものに過ぎません。

神につながり、安心した気持ちで、まわりに愛をシェアする人になっていきましょう。行為をきれいにして、人を助け、親切にし、お布施をするなど、善行をしていきましょう。それは、人格を高めていく行為であり、美しい行為です。

自分の時間の一部を削って、人に奉仕しましょう。大事なお金を困っている人のために施しましょう。執着を手放しましょう。人を批判せず、言葉の暴力も使いません。愛と感謝のある言動をするように心がけましょう。自分も人も喜ぶことをしていけば、やがてあなたに喜びが還ってくるのです。

自分の根源につながることが永遠の幸せを手に入れるステップに

神につながることで、あなたは守りをいただき、安心をいただきます。神を信じ、愛し、一体となっていきます。それが、悟りへの道です。

神は至高なる存在であり、そこから分かれたのが、あなたの魂です。ですから、魂を信じます。そのことで、あなたは愛を感じ、愛に満ち、自然に与える回路、手放す回路ができるのです。

本で読んだり、話を聞いたりして理解しても、それは知識で終わります。自分で実践していくことが大切です。

分かるのではなく、変わるのです。

変わるためには、聖なる音=マントラの波動で、カルマを浄め、根源につながる体験をするのが早道です。この体験は、永遠に消えることはありません。永遠の幸せへのステップにもなります。

本来カルマを浄めるには、何生もの生まれ変わりを必要とします。それが、ヒマラヤ聖者の秘法によって、最速で実現できるようになったのです。

願いが何でもかなうようになり、魂が解放されます。心身ともに清らかになれば、まわりへもいい波動が流れるようになります。

根源につながって瞑想を続けていくと、大きくあたたかい何かに守られている安心感に包まれます。それこそが「本当の幸せ、永遠の幸せ」を感じるときです。

こうした感覚が、常にあなたを包み込んでくれます。特別なことをしているわけではないのに満たされ、静かで、穏やかな気持ちです。何ももたなくても、何も求めなくても、ただそこにいることで満たされます。

変化していくものを追いかける幸せではなく、いつまでも変わらない幸せを、自分のなかに見つけましょう。

それは、あなた自身のなかに眠っているのです。

心のままに行動をしていると、不満が7割残ってしまいます。

心の幸福は、手に入れても入れなくても苦労が絶えません。

幸せな人は、シェアする人です。すべては神からいただいたもの。
自分に属するものはないので、
すべてのものや人を愛し、シェアします。

心に取り込む回路から与える回路へ。
与えると、自分に幸せが還ってきます。

第4章

心に振り回されない人生のつくり方

心を コントロールする

心を正しく使うために、心を根源から浄化しましょう

神は人間に心を与えてくれました。心は美しいものを見て感動したり、人にやさしくしたり、愛に溢《あふ》れてもいます。想像することができ、美しい世界を夢見ます。人間は一生懸命に、その夢を実現しようとします。こうした心のクリエイティブな力を上手に利用して、私たちは豊かで便利な世の中をつくることができたのではないでしょうか。

心にはカルマの記憶が刻まれていて、その願いで動いています。心には発展し続ける性格があります。心は素晴らしいのです。心によって、理解や気づきももたらされます。神が、さらに豊かになるために、人間に与えてくれたツールです。

ただし、これまでもお話ししてきたとおり、心というものをよく知っておく必要があります。心は常に不足しているものを探し求め、見つけ出すとそれを取り込もうとします。心はコロコロと変化します。勝手な思い込みで摩擦を起こすこともあります。

心は常に頑張っていて、はたらき続けてもいるので、ストレスがたまっています。よく消耗し、カルマを積み続けてもいます。心は癖をつくってしまうことがあり、価値観を形づくり、固定化させてしまうこともあります。

そうしたところだけを見ますと、心はまるで私たちを迷わす道具のようです。たしかに、多くの人は心に翻弄《ほんろう》されています。そのため、苦しみが続いています。

人はさまざまなつながりの縁で、心の使い方をその体験で学んでいます。しかし、いつも正しく学べているわけではありません。ときには、表面的に取り繕うような使い方になっていることもあるでしょう。本音を見せずに、演じることもあるかもしれません。

それは、自分を守るための演技なのですが、どうしても不自然な姿になります。ですからたとえうまくいっていても、常に一方にストレスを抱え、それはカルマとなって蓄積していくのです。あなたがそうしたものを通して、外の世界とつながっても、常に変化する心では幸せになることはできないでしょう。

心の根本には、常に不安と疑いがあるのです。

あなたが幸せになるために、ほしいものを手に入れたとしても、幸せは続きません。なぜなら、心は永遠ではないからです。心のなかに潜む苦しみを引き寄せるものを取り除くには、心の苦しみがなぜ生まれるかを知らなければなりません。

子どもの頃は純粋でした。心が複雑になっている原因のひとつに、幼児期の体験があります。親の厳しさや親の感情から逃れるために自己防衛をして、自分にとって嫌なこと、苦手なことを回避する心の使い方をしていたかもしれません。そこから癖がつき、さらにさまざまなことが重なり、否定的な心の使い方が癖になってしまったのかもしれません。それは一日などというわずかな期間でできた癖ではありません。

私のところでは、子どものときに戻って、そのときのトラウマに気づき、そのトラウマを溶かすワークを行っています。アヌグラハのワークといいます。このワークにより、変わることができ、癒《い》やされていきます。

心は、上手に使ってあげればいいのです。心の言いなりになっていては、消耗してしまいます。心が命じるままに、さまざまな便利なものをつくってきたといっても、明日死ぬとなれば、そのようなものは、じつは何の意味もありません。

心を上手に使うとは、心が必要な場面で、心を効率よく使うことができるということです。心は常に目標を設定し、それに向かって進んでいます。しかし、そうした心のはたらきばかりでなく、内側にベクトルを向けます。そして浄化していきます。それは、心の欲望を生み出す原因を取り除いていることにほかなりません。

心の欲望を生み出す原因が取り除かれるにしたがって、安らぎを得ることができるようになっていきます。

私たちが人やものを見るときは、過去生からの記憶や体験を通してジャッジします

心は思ったり、考えたりします。学んで記憶します。5つの感覚器官でいろいろなものを感じます。

先ほどお話ししたように、私たちのからだのなかにはアストラル体（↓58ページ）とよばれる、肉体より細やかな目に見えないエネルギーのからだがあります。そこに心があり、今まで体験したこと、感じたこと、考えたことのすべてが、カルマとなって蓄積されています。

そして、私たちが普段の生活で見たり、聞いたり、感じたりしたことに、心が反応します。好きか嫌いか、美しいか汚いか、ほしいかほしくないか、危険か安全かなども、瞬時にジャッジ（判断）します。

この判断には、カルマがはたらいているため、過去生を含めた過去の記憶や体験が大きく影響します。過去生から現在までの記憶、蓄積されたデータによって、目の前の事象を色づけ、区別するのです。過去に同じような経験があれば、そのときの記憶につながります。以前にひどい目に遭ったことがあれば、それを見ただけで恐怖や嫌悪を感じて、拒否反応を示すかもしれません。

こうしたことを繰り返していくうちに、人それぞれの好き嫌いの傾向や価値観ができあがり、そういう目でジャッジ（評価、判断）して選択していくのです。それが、各自の個性やキャラクターにもなります。

私たちが人やものを見るときは、無意識にこの価値観を通して見ているので、正しく相手やものを見るのではなく、心の思い込みで見る癖がついています。それは好き嫌いの選択であり、そのものの本当の姿を見ていません。ですから本来はその選択より、よい選択ができるはずなのです。

正しく見ることで、欲や思いに振り回されなくなります

もしあなたが、過去に強い被害者意識をもったできごとがあり、それと同じようなできごとに遭遇すると、その嫌悪感は尋常ではありません。過去の強い被害者意識にリンクして判断するからです。

その判断は、勘違いをしていたり、感情に振り回されたりしていることが少なくありません。過去の記憶をもとにした判断は、必ずしも正しいとはいえないのです。

５つの感覚は、アンテナであり、センサーでもあります。それは、神経につながり心にもつながっています。あるものを見たら、その刺激が脳に伝えられ、それが何であるかをすぐに判断します。好きと思って執着したり、嫌いと思って嫌悪したりします。ときにおそれを抱いたり、心地よく思ったりします。いろいろな反応や思いがあり、感情が湧き上がります。対象を見たことで、欲望が引き起こされて、ほしい、味わいたいと行動に移ることもあります。

こうした過去の体験や色づけされた価値観から離れて見ることができたとき、はじ

めて対象を正しく見ていることになります。あるがままに見ることができて、はじめて本当の姿が分かるわけです。

しかし、心はずっとはたらき続けていますし、感覚の情報も連動しているので、とても切り離すことはできません。その過去生から過去の体験とその記憶を浄化しない限り、心のはたらきをストップさせることができないのです。

そして本当に正しく見るためには、心の曇りを取りはらい、純粋な心にしていく必要があります。純粋な心で見ることは、意識を覚醒させていくことです。そのことによって、心に翻弄されない、平和な心になっていくことができます。

そのことがすぐにできるようになるのが、ヒマラヤ秘教のサマディ瞑想です。これは深い、高度な瞑想です。これができるということは、意識のレベルが進化した証しであり、もうすでに悟りのプロセスにいるといってよいでしょう。

ヒマラヤ秘教のサマディ瞑想を行うことにより、心も意識も変容して、見方が変わります。自分の能力をもっと高め、本来の純粋性が現れてきます。とても幸せになることができ、内側から喜びが湧いてきます。しかし、それにも執着しないで、超えていきます。

ディクシャというエネルギーの伝授で高次元の存在につなげていただき、神のパワーで心を浄化します。修行を継続して、最終的にはすべてを浄化し、何の心のリアクションもない透明な心、心を超えたとらわれのない状態で見ることができます。

そこには宇宙的愛があり、平和があり、浄化された空っぽの心があります。その状態から正しく見ることができるのです。

そのときは、心は誤解することも、勘違いすることもありません。異常な欲や思いに振り回されることも、もちろんありません。

リアクションする心がないときに、純粋に「あるがまま」を正しく見ることができるのです。

心を内側に向けて整える

欲望のためなら手段を選ばず、常に刺激を求め動き回る心

心にはエゴがあります。常に無意識に自分を守り、有利にしていこうとはたらいています。苦境からは逃れ、喜びや快楽を求め、人やものに依存し、執着していきます。

そのエゴが前面に出ると、自分へのこだわりが強く、自分に都合のいいように物事を運ぼうとします。ときに他人を傷つけても、欲望や思いを満たそうとするかもしれません。エゴは、自分のもの、自分がやったと、自分が強く、頑固であり、真の成長を遠のかせる心のはたらきなのです。もちろんエゴがあって生きる力も出てくるのです。

心は、常に刺激を求め、楽しさを求めます。いろいろなことを忘れようとするかのように、それらのことに没頭します。それも苦しみになるのです。その苦しみが生きがいでもあるかのように、苦しむことに没頭します。

安らぎや楽しさを求めているはずなのに、そのように苦しむのは、深いところで楽しむことへの罪意識があるのかもしれません。へらへら笑って楽しくしていたら、真剣に生きている人に申し訳ないといわんばかりです。

心にいると、常に関連するものとつながり、思いが連続して浮かび上がります。まるで連想ゲームにつきあっているかのようです。何かの行き違いがあり、問題が生じると、抱え込むのは面倒だといって逃げてしまうかもしれません。どんな人も、問題を抱え込むのは苦手であり嫌なものです。

それに、自分の失敗には甘く、人の失敗には厳しいというところもあります。それが、そもそもセルフィッシュなのですが、本人はなかなか気がつきません。

人から用事を言いつけられただけで、怒ってしまうこともあります。うまくいかなかったらどうしようと、心配ばかりします。ここまでしているのに、何も見返りがないと、不平不満をもちます。

心にとっては、こうしたマイナスの面もなくてはならない刺激のひとつです。その刺激を求めて、常に動き回るのが心なのです。

心の執着や欲望につき動かされて、ほしいものやプライドを追い求めるうちに、視野が狭くなってしまいます。そして、自分のまわりが見えなくなります。生命エネルギーがどんどん浪費され、消耗していきます。

心がそれほど悪いはたらきをしているのなら、心のスイッチを切ってしまえばいいのですが、なかなか切ることができません。なぜなら、それがカルマだからです。

では、どうすればよいのでしょうか。

心を進化させればよいのです。あなたはもともと純粋な存在です。愛に満ちた存在です。そうしたあなたを取り戻します。

「本当の自分」以外の外側につくり上げたものは、砂の上の楼閣《ろうかく》のようなものです。常に変化し、やがて崩れ去ります。それに、死ぬときには、もっていくことができません。

それにもかかわらず、心は外側のものを求め続けます。その心のままに、多くの人たちが、外側のものを求める行動をとっています。それは、目標に向かって走り続ける、ブレーキが利かなくなった乗り物のようです。

それならば、ブレーキを高性能のものに変えればいいのです。外側にばかり向かう動きを、一時ストップさせます。そして、内側に向けます。内側を整えて、浄化し、より深い静寂に入っていくようにするのです。

すると、内側に愛が満ちてきます。さらには心を超えます。そのことにより、「本当の自分」になることができます。心の欲望に翻弄されるのではなく、心をコントロールできるようになるのです。

あなたは心の主人になります。そして、心があなたの僕《しもべ》になります。あなたは、心を超えて、愛の人になります。そして静寂を日常生活に生かします。

愛と平和をもって、行為することができるようになります。喜びがあり、すべてがクリエイティブになります。心を効率よく使っていくことができるのです。

無駄な心づかいから、必要なときに使う安らぎの心に

思い込みを捨てて素直に見る、聞く、話す

何か心配があるときは、仕事などが手につかないといいます。上の空になってしまうわけです。一方、仕事や趣味に集中し過ぎていろいろなことを忘れてしまうという人もいます。これは、ひとつのことにエネルギーを注いでいる状態です。そのさまを、「無心で〜をしている」などと言います。この場合の無心は、そのことに集中していて、ほかには何も考えていない、ということです。

しかし、どうでしょうか。集中するということに、エネルギーが流れていませんか。そうだとすると、エネルギーを消耗しています。さらに集中しながらも「この後の段取りはどうしよう」とか「これで先方は満足してくれるだろうか」などと考えていたりします。思いをめぐらせたり、不安や焦りが頭をよぎったりします。それでは、無心になっているとはいえません。

完全に無心になるには、何もしないことです。ところが、浄化や精神統一の修行をしていないと、集中できなくて、心があれこれと動き、考え始めたりもします。

修行をしない人、浄化をしない人でも、無心になる努力はできます。それには、まず自分を愛することから始めます。ものや人に出会ったら、自分の学びのために現れたと思い、感謝し、愛をシェアします。

そして、いろいろなことを考えないで、素直に対面します。「素直に見る、聞く、話す」ように心がけるのです。

昔は、神とつながって無心になっていました。何の情報もなく、火山や地震や雷など、すべての自然現象がおそろしかったと思います。そのうえ、部族間同士の争いなどもあり、神に祈ってきました。

ヒマラヤの修行は、それを科学的にさらに強力にしたものです。深い瞑想に導かれ、神の祝福があり、無心の状態が自然に起きてきます。

無心とは、神につながり「神のレベルから物事や現象を見る」ということです。それが最高の自然であり、ここから出発します。なぜならこのことが無心になる出発点であり、生きることの基本であるからです。どんなに生活が複雑になり、目を楽しませ、耳に楽しい話が聞ける時代になっても、心の仕組みも人間の根底にあるおそれも、変わることはありません。

サマディ瞑想、クリパの秘法、クリヤの秘法（サマディマスターの呼吸法）など、ヒマラヤにはさまざまな秘法がありますが、信頼をもって心身、魂のレベルを浄めていきます。最速で浄化が進み魂とのつながりが太くなり、心が外れていきます。心に惑わされなくなり、正しく見て、聞いて、感じることができるようになります。

心をはたらかせない無心の状態は、ほどけて、満ち足りた心です

意識を覚醒しないと、まるで運転手がいない列車のように、心は無鉄砲に動き回り、暴走してしまいます。心がそれほど不完全なのは神が私たちに成長の機会を与えてくださったのでしょう。そう考えれば「成長する」という意欲をもち、心をコントロールできるように学ぶこと、意識を進化させていくことは楽しみです。

暴走する心のコントロール、癖のある心の修正、心を集中させること、心を浄化す

ることなど、ヒマラヤ秘教の悟りを目指す修行のプロセスで学ぶことができます。

それらに加えて、心の奥の愛の開き方、心の知恵の磨き方、心を使わないで無心になっていく方法……。それらが、マスターとの縁で変容して実現していきます。

心が浄化されていないと、自分の価値観や先入観で物事を見て人と接します。それは、正しく対象を見ていないということです。それまでは、比較してできるだけよいものを選択しようとしてきました。より安全なもの、より便利なものを選んできました。そこには、葛藤があり緊張もありました。

それが、悟りを目指すようになると、心の使い方が一変します。比較をしない、ジャッジをしないようになります。心をはたらかせない（無心）で、平和でいます。進化すると、状況が悪くなっても、それを受け取らないようになります。そのため、気分は楽です。その楽なところにとどまります。

修行を究めていくと、心が浄化され、なくなってしまいます

修行を究めて悟りに達すると、そこにあるものを、ただ見ます。純粋意識で見ます。何のリアクションもありません。そこにあるものが目に入り、ただそこにあるのです。自然にそうなります。なぜなら心に何もないからです。平和な状態です。しかし、意識は覚醒しています。

心の記憶やカルマがないので、そのまま見るということが起きるのです。意識や心が進化し、必要なときに心を使い、そうでないときはスイッチをオフにできます。ただ見ていて、振り回されない。目の前で起きていることを、ただ眺めます。善悪も、好き嫌いも、自分にプラスかマイナスかも、いっさいを手放して見ます。ほとんどの人は、無意識に心を使い続け、エネルギーを消耗させています。ですが、その自覚がありません。

悟りの修行は、最初に心構えが必要です。心を無駄に使わないで、よりよい考え方、よりよい行為をします。よりよい言葉を話します。心の使い方によって、よいよい状

態をつくり出すことができます。

また、集中することは悩みを軽減します。心配なことがあったとしても、そのとき、何かに夢中になって集中していれば、心を使っても、心がそのことに注がれて揺れが少ないのです。たとえば、料理や掃除、仕事、趣味などを一生懸命に行います。心が集中してあちらこちらにいかなくなり、安定します。精神が統一された状態です。

しかし、集中は心を使い、消耗はしています。ですから集中し終わってほっとしたとき、どっと疲れるのです。

感じるのです。私たちの本質は平和です。究極の静寂があります。

そして、心を浄化しきってしまうと、心がなくなります。そこで、心を超えるのです。それが、いわゆる無念無想です。それをサマディといいます。解脱《げだつ》であり、悟りの姿です。ヒマラヤ秘教は、そこに向かう実践の教えなのです。

「よく思われたい」を捨てた信頼関係

人間関係をシーソーゲームにしない。互いを生かし合い、魂と魂の絆を結びます

人間関係では、心がよく動くようです。話をしている言葉の端々に、その人の心の動きが表れます。表情にも表れます。その人の心が動くと、波動にも表れます。

人と人が交わり、心と心が触れ合うなかで、信じる心、誤解する心、期待する心などが起きてきます。気をつかい、ときに嫌悪が生じ、ストレスを感じます。愛情、友情が生まれることもあれば、嫉妬や執着などが渦巻くこともあります。自分を守るために高飛車《たかびしゃ》に出たり、相手をコントロールしたりすることもあるでしょう。

長期にわたり悪い関係が続くなかで、自分のエゴを抑えて、相手に合わせて、関係性をよくしようとする人がいます。心を使っていると、相手の顔色をうかがって、相手の立場ばかりを考慮しながらつきあうことも多くなるでしょう。

これは、余計な気をつかい過ぎていると思います。気をつかうほうが、エゴを通すよりもいいように思えますが、相手のエゴを増長させるということでは、ほとんど同じです。そうこうするうちに、自分の我慢の限界がきて、結局関係がギクシャクしていくのではないでしょうか。

こうしてみますと、人間関係はバランスをとりながらゆれ動くシーソーゲームです。力の強いほうが優位に立ちますが、力関係はどんどん変わります。本音のさぐり合いが行われ、駆け引きによって主導権が行ったり来たりします。それは無意識に行われることが多いようです。

片方ばかりが強いと、バランスがとれません。シーソーは片方に傾き続けたままです。シーソーが水平を保つ、お互いが尊敬をもっての関係をもちましょう。力の強弱もない、バランスのとれた間柄です。

それには、お互いの立場を理解し、自分も理解してもらう関係を築くことです。

「よく思われたい」のは、人間関係を演じているだけです

人とのつきあいのなかで、多くの人は「まわりからよく思われたい」と考えて行動します。「あの人はいい人だ」「やさしい」「気がきく」などと思われるよう、普段から人に気をつかい、言葉づかいや行動にも気を配ります。しかし、これは自己防衛のひとつです。他人の視線や評価を気にして、自己を守るために心を砕いているのです。嫌われないように立ち回っているのです。

無理に人に合わせたり、言いたいことを我慢したりしていると、いつかはそれが表面に出てしまいます。それが鼻についたり、「何もそこまでしなくても」と相手がつらく感じてしまったりする場合もあります。それに、自分自身の疲れも次第に並大抵ではなくなってくるでしょう。

日本人は本音をズバリ言うことをためらいます。「嫌われるのでは、相手を傷つけるのでは」と思うからです。ところがアメリカ人などは、はっきり言う人、強く言われることを、むしろ好む傾向があります。遠慮するのがいいことではないのです。

そこに愛や思いやりがあれば、聞く人も気持ちがいいものです。自然と信頼関係ができるのです。相手の気持ちを慮《おもんばか》るばかりでは、良好な関係にはなりません。できれば心と心ではなく、魂と魂でつながる関係を結んでください。それは、お互いの真の成長につながる関係です。

自分の根源につながれば、さまざまなエネルギーが整い、波動が変わり、誰とでも信頼と尊敬をもってつきあいができるようになります。他人の評価も気になりません。無理をして合わせる必要もありません。

スイッチが変わるように、自然とお互いを生かし合う、魂と魂の関係になっていきます。

根源につながるということは、自分の中に不変の信じられるものを持つことです。信じるものがあると、不安がなくなります。いつも信じるものに守られているので、自己防衛をする必要もなくなります。それは、まるで魂への橋があるようなものです。神につながる橋をつかんでいれば、大きな安心感、あたたかさにいつも包まれます。

親子、夫婦、職場、ご近所。身近な人たちとのつきあい方

前項では一般的な人間関係について紹介しました。ここではより具体的に、皆さんの身近な人たちとの向き合い方をご紹介します。

親子

子どもは無垢《むく》な状態で生まれ、環境が大きく影響を与えます。親から発せられた波動は、すべてそのまま幼い子どもに移り、染めていくのです。

親の心配の波動、コントロールする波動、親の気まぐれなかわいがり方、自信のないエネルギーなどが、悪い影響を与えます。まさに「三つ子の魂百まで」なのです。

親子の関係は、相互に依存しやすい関係です。親は子どもをコントロールし、自分の持ちもののようにしています。それが溺愛《できあい》することなのです。子どもに自分の夢を背負わせ、期待し過ぎているのです。

すると、子どもは何にもできなくなってしまったり、強く反抗したりするようにな

ります。あるいは、いつも親の様子をうかがい、顔色を見るようになるのではないでしょうか。いずれにしても、よい関係ではありません。さらに悪いことに、そうした心を社会の人間関係に投影していくのです。

親子ほど近く、またそれゆえに難しい関係もありません。私の道場でも、親にわだかまりをもったまま、長い年月を過ごしている人の悩みを聞くことがよくあります。

親は、何かにつけ命令し、自分の思うようにしようとします。子どもが人格をもった人間であることを忘れ、細かいことまで口をはさみます。子どもが結婚しても、執着してしまって手放せない、「子離れ」できない親になってしまいます。そのうえ、子どもに期待や要望に応《こた》えてもらえなかったことが、傷になってしまいます。

親も子どもも、こうした関係はよくないことに早く気づいて、信頼し合う関係にしていかねばなりません。それが人間としての成長です。しっかりと修行をすると、親も子どもも否定的な思いや病的ともいえる依存が減っていきます。

夫婦

ケンカばかりしている夫婦がいます。相手の何気ないひと言、ちょっとしたしぐさが、気になってしかたありません。その気持ちが長引くと、何から何まで受け入れられなくなってしまいます。「思いやりが足りない」「自己中心で無神経だ」など、次から次へと不満が湧いてきます。

そして、アラを数えるようになります。数え始めると、キリがありません。自分の身に置き換えてください。完璧な人間などいません。

相手に足りているもの、いいところを数えて感謝していきます。

「ケンカできる相手がいるだけありがたい」「元気でいてくれるだけでありがたい」と、夫婦関係を前向きに捉えることも大切です。それが夫婦関係の土台になり、認め合いと感謝が生まれます。このベースさえしっかりしていれば、細かな行き違いは気にする必要はないのです。

この世で夫婦になったということは、カルマが選んだ縁です。互いのカルマが強く引きつけ合った結果です。深い縁で結ばれた関係を大事にはぐくむことも、自分の成長、魂の進化につながります。

職場の人間関係

人間関係の基本には、親子関係があります。親子関係が、すべての人間関係に投影されています。

たとえば、職場で自分の上司を、親の理想像と重ね合わせ、完璧な人間性や仕事ぶりを求めてしまうケースがあります。その結果、当然失望したり侮《あなど》ったりすることになり、上司との関係がギクシャクしてしまうかもしれません。

完璧な親の像を上司にあてはめることが、そもそも無理なのです。どんな人間にも欠点があり、向き不向きがあります。

人に求めるのではなく、まず自分から差し出していきます。自分のできることをします。あるがままを受け入れます。相手のよいところを見ましょう。そうして感謝します。尊敬をします。優しさ、思いやりを与えましょう。そうすれば、まわりの人も、上司も変わっていきます。

与えると損すると思いがちですが、じつは大きな得をすることになります。与え続けることで、精神の成長につながり、人格の深みも出てくるからです。

ご近所づきあい

世の中にはいろいろな人がいて、さまざまな家庭をつくり暮らしています。そのなかで、世代も生まれた土地も価値観もバラバラな人が、たまたま近隣に住み合わせたわけです。

相性のいい人ばかりではありません。しかし、第2章で紹介した「知恵ある人」になり、まわりの幸せを祈っていけば、まわりの人たちも変わるかもしれません。

今生《こんじょう》で出会うこと自体に縁があるのです。大事な部分に土足で踏み込むようなことはせず、いい距離感を保ちながら、親しみ合います。我欲や執着を捨て、中庸にいるようにバランスをとります。

そうして、それぞれがもっているよいところを引き出せるように、おつきあいしましょう。

執着しない薄い縁の結びつきは、お互いを進化させる関係

ひと昔前に「友だちの輪」と言って、横の輪（関係）づくりをしたようですが、よ

い「友だちの輪」ができた人は、それほど多くなかったようです。

仲良く互いを思いやる友だち関係がいいのですが、それが強くなり過ぎると、相手を束縛したり、その人を所有したりするような関係になってしまいます。苦しみを生み出す関係ですね。

そうはならずに、相手の幸せ、成長を願う、執着のない関係をつくることができると、あなたは成長することができるでしょう。しかし、心には、もともと引き寄せる性質があります。そこには引き寄せる力と、反対の排斥する力がセットになっています。常に依存、ジェラシー、独占欲、寂しさやおごり、人をコントロールしたいなど、いろいろな心が交錯するものです。

相手が何かを得たり、勝利したりすると、比較やジェラシーの心が大きくなり、さまざまな葛藤が表れてきます。心にはこだわりや執着があり、その根は深いのです。心の奥深くには、常におそれが存在します。そのため、安心を得ようと欲望が湧いてきます。人に対しても、寂しさやおそれが執着に変わります。

家族や親戚の間柄でも、貧乏ならば仲良くしていられますが、物資的に裕福になるほど、お金やものへの執着が強くなって、争いが起きるようです。執着の関係もお互いが同レベルのときはいいのですが、どちらかがうまくいき始めると、嫉妬などが出てきて、関係が悪化するようです。

束縛したり、頼り合ったりする関係は、たとえいい縁で結ばれていても息苦しいものです。深いところから自然に湧き上がる思いやりならいいのですが、義務感で行うと疲れてしまいます。

やはり、お互いを思いやる純粋な関係がいいでしょう。心の執着をとって、中庸の縁がいいのです。

ヒマラヤの聖者は、悟りを求め、神を知るために出家をします。悟りのマスターの高次元のエネルギーの存在につながり、悟りを目指していきますと、過去生が浄められます。さらには家族や先祖の霊も浄められ、先祖の悪いカルマも浄められます。

そうすると自分や家族など、皆がもっと大きな力からの恩恵を受けることができるようになり、幸福になります。執着が浄化され、つながりへのこだわりが薄くなるからです。縁が薄くなるのです。

自分のまわりだけの狭いつながり（縁）ではなく、もっと広く大きな力で包み込まれる縁で結ばれるからです。心の執着ではない純粋な良縁、といってもいいでしょう。「縁が薄い」というのは、こだわらない、利己的でない、愛が深いということです。それは修行の結果、カルマが浄化された縁です。親子や夫婦の愛とはまた違う感じです。エゴ（自我）を超え、家族のみではなく、すべての人への思いやりであり、宇宙的な愛です。

縁が濃いこともいいのですが、「執着のない縁」、しつこさをとったいい意味で、薄い縁、自立した関係のほうが、お互いに進化した関係になります。さらには真の関係、相手の中に神を見て、無償の愛で捧げていくのです。

源の存在につながると心を使わなくなる

思い込み、迷いがなくなり直観で物事を動かせるようになります

この章ではここまで、心の使い方・生かし方、無心になることのすすめ、などを紹介してきました。これらは修行をしなくてはできない、というものではありません。しかし、その道のりは遠くなります。できればヒマラヤの教えで神につながり、そのうえで心と向き合ってください。カルマを溶かして純粋になり、心を使わない、心を超えた人になってください。そうすれば心が自由になり、解放されます。そのことによる美しさは、言葉では言い表せません。

源の存在につながると、準備を整え、神経を張り巡らせ、心を酷使して考えなくても、直観でスイスイ神の力によって、できるようになります。全体を見通す力、集中力、段取りの力などが、自然に得られます。そのため、余計な心配をしないで、何事にもとらわれず、ひらめきにより、魂のままに物事を進めていくことができます。

心配や不安があると本質が見えなくなりますが、心を使わず直観で動くことで、迷うことがありません。失敗をおそれなくなります。

今夜は眠らないで仕事をするとします。多くの人は「明日、疲れないだろうか」と不安になるでしょう。しかし、とらわれない状態では、そう思わなくなります。「眠らなくては」という思い込みが消えるからです。ここでも心のはたらきをストップさせています。

こうした根源の知恵は、修行をしていくなかで、内面から湧いてきます。マニュアルで知識やテクニックを覚えるのではなく、自然に湧き上がってくるものです。自分から気づいていくのが、ヒマラヤの教えの特徴です。最高の人間完成を目指すのです。

自分が変われば、まわりの人が変わっていきます

多くの人は神につながるのではなく、心につながって生きています。それは、カルマを生きることであり、苦しむ生き方にほかなりません。

カルマは同質のエネルギーを、まるで磁石で吸い寄せるように集めてきます。あなたが思うことを、まわりのエネルギーが邪魔します。「思ったことと反対の気持ちになる」といったことはありませんか。

二重人格、ダブルマインドになることが多いのです。カルマがあなたの心の思いを引っ張り、違う心の思いが否定し、ついにはその思いが正反対の方向にあなたを動かしてしまいます。

あなたのなかにある魂が、本当のあなたなのですが、心が支配している間は、そういうことにはなりません。ほしいものを得る生き方をしています。それが疲れるのです。

源の存在につながって自分を変えていけば、まわりに合わせるのではなく、主体的にまわりを変えることができるようになります。けっしてエゴからではなく、調和しながら相手の心さえ変えることができるのです。本来、他人を変えることはできません。しかし、修行をして自分を変えることで、その人の深い純粋なところからの波動が、まわりの人にも影響を与えるのです。そして自然に変わっていくのです。

エゴからの言動は、反発に合いますが、心を外した愛と調和のある言動は、まわりの人も自然に受け入れてくれます。

親子関係を例にとれば、親が子どもにガミガミ言うほど、子どもは反発します。それは、親のほうに「ねばならない」「こうあるべき」というエゴがあるからです。しかし、親が自分を変えていき、子どもを信じて接すれば、子どもは自然と気づいていくものです。

心と心ではなく、魂と魂でわかり合えるようになっていきます。

心を使う愛と使わない愛の違い

愛にはいろいろあり、一般に思う愛は、心の愛です。私がお伝えする愛は、魂からの愛です。宇宙的な愛です。

ほめてもらいたいなど、見返りを期待することは心の愛であり、エゴの愛です。そうではなくて、相手の幸せを願い、相手を生かす愛、慈愛へとベクトルの向きを変えましょう。

それが進化した愛の形です。成長した人の愛の姿です。ただし、これはカルマが浄化され、自分が大きな愛で満たされていないと難しいことです。満たされない状態で愛を与え続けると自分のエネルギーが減り、消耗していくような錯覚に陥ります。しかし、神につながって満ちる体験をしていくと、それは心を超えた愛であり、そのエネルギーが減らないことがわかり、功徳《くどく》を積んでいけます。

たとえば、仕事でお客様からクレームのような問い合わせがあったとします。理不尽なことを言われたら、心につながっていると思わずムッとしてしまうでしょう。しかし、真理につながっていると「相手は、まだ気づきのない人だなあ」と、許しの気持ちになります。慈愛の気持ちになります。そうすると、よい波動が出て相手の気持ちもほどけてきます。

心だけでは、同じレベルで反応してしまいます。神につながり、質の高いところから現象を見れば、穏やかな対応ができるのです。

愛の進化形は「手に入れて満ちる」から「与えて満ちる」への変化です。心が求めて、集め、内側へため込んで、満たされる、ということではありません。自分の執着を手放して、神の愛につながり、人に与えて満たされるのです。これこそが真の愛なのです。そこには、真の成長と魂の進化があります。

源の存在につながり、修行を続けることで、こうした成長や進化が加速され、自然に無理なく自分が変わっていきます。

心の人から、魂の人へ変わります。

心に振り回される日々から、魂のままに楽に生きる毎日へ変わります。

自分を本当に成長させてくれる人生に変わっていきます。

心の言いなりにならないよう、
上手に効率よく使うと、エネルギーを消耗しません。

外側に向かう心の動きを一時止めて、内側に向けます。
内側を整えて浄化し、より深い静寂に入っていきます。

心をはたらかせない無心の状態は、
「ほどけて、満ち足りた心」です。

源の存在につながると、心を使わずに、よけいな心配をしないで、
魂のままに物事を進めることができます。

第5章

思った以上の人生は、すぐそこで待っている

「捧げる」こと、「手放す」こと

真の成長と心身を進化させる実践的な生き方

ここまでは、人生をいかに意味あるものにするか、苦しみや怒りなどへの対処、幸せの追求と本当の意味、そして心の使い方などを各章のテーマとして展開してきました。

ここからは本書のメインテーマである、生きる目的とは何か、についてお話しします。そのアプローチとして「捧げる人になる」「知恵ある人になる」「平和な心をもつ人になる」「心とからだを大切にする」「真理を知る・本当の自分を知る」という5つのキーワードをあげて、あなたの人生にとっていちばん大切なことを示していきたいと思います。

神（魂）はすべてのものをつくりました。人も、神がつくりました。人の魂は、神から分かれたものです。そこからさらに心がつくられ、からだがつくられ、私たちは生きています。

人は輪廻《りんね》転生《てんしょう》を繰り返し、心には過去生からの記憶であるカルマが刻まれています。そして、人はカルマの願いをかなえるために生まれてきました。

魂はカルマの刻まれた心が包んでいます。そのために魂がカルマを背負っていると思われがちです。しかし、そうではありません。神から分かれた魂は穢《けが》れのない、純粋な存在なのです。

心の穢れを浄化してそこから抜け出ることを「魂の成長」といいますが、魂は完全であり、方便でそう言うのです。これからの新しい生き方とは、人を翻弄《ほんろう》し苦しめるカルマをよりよいものにしていくことなのです。それは人生を意味あるものにしていきます。

人は、衣食住のため、常に心の欲望をはたらかせ、それに翻弄され忙しく生きています。

心（マインド）は、内外のもろもろの印象をくっつけて、魂を曇らせています。源とのつながりが薄く、本質のことをすっかり忘れてしまっています。心の興味は常に変化するものであり、真理ではありません。

あなたが真の成長をするには、奔走《ほんそう》する心から目覚め、変化しない真理を知っていくのです。見えない神秘の存在が、すべてを生かしている存在であり、それは神です。神があることを信じます。

神を知らない心は、欲望と怒りと、無知で、ストレスを生じさせます。迷いと葛藤《かっとう》、さらに消耗の世界を動き回っています。ディクシャとの出会いで、あなたは精神的な生き方をします。あなたは本当の自分につながり、あなたは内側の旅を始めます。それは愛の道、静寂の道、充電の道、安らぎの道です。そして神への道です。

外側ばかりの旅では、心を使い、比較し、競争し、獲得する、戦いの旅で、やがて疲弊して病気になり、取り返しのつかないことになります。ですから、内側への旅を始めるのです。カルマを浄めていきます。やがて心を超えて、自分の源である魂と一体（ワンネス）になっていきます。悟りに向かう旅です。純粋無垢《むく》な自分になります。真理と一体になっていきます。真理に出会うこと、本当の自分になっていくこと、それこそが、人生の本当の目的といっていいでしょう。

人生の本当の目的は、永遠の真理に出会うことです。神につながり、神を信じて、神の力を得て、生きていきます。心、からだを浄化します。行為を浄めます。カルマを積む欲望と執着の行為から、捧げる行為にします。捧げる心、奉仕の心は、行為を浄めます。功徳を積みカルマを浄化します。

あなたの本質は、神と同じクオリティです。限りない愛です。静寂です。平和です。そこには無限の力があり、すべてを可能にする力があります。それに近づくために、そうした性質を使っていきます。

愛と平和を大切に生きていきます。神を愛します。この道を完成させ、神と一体になるために神を愛するのです。

そして、生きていく本当の意味を知ります。宇宙や自分の仕組みを理解し、人生を自由に、成長しながら生きていきます。真の成長と心身を進化させる実践的な生き方は、本来、悟りを得るための生き方です。

見返りを期待しないで、ただ捧げていく人になりましょう

まず「捧げる」ということについてお話をします。

真の成長への道は、まず捧げる行為を行います。それはカルマを浄化して災いが外部からやってこない行為になります。内側の瞑想の修行を安全にする準備となります。よい行為は、よいカルマをつくります。悪いものを寄せつけません。よい縁を引き寄せるのです。

なかでもお布施は、最も効果的に執着を外す行為です。見返りを期待しない捧げる行為で、欲望が取り除かれ、すべての執着が外れ、浄化されるのです。

人のために時間をとって何か役に立つ奉仕をしたり、善行を積むことです。心（エゴ）で奉仕をすると、エネルギーが消耗して疲れます。同じことを慈愛から行うと、疲れることはありません。人を神と見て、また自分も神とつながって奉仕をすると、どれだけたくさん奉仕しても、内側はいつも満ちて少しも疲れを感じません。

ですから、ただ人を助ければいいのではありません。信仰心のもとに行わないと、エゴが苦しむことになるのです。

瞑想の修行もすすめましょう。ヒマラヤ秘教では、マスターのディクシャをいただくことではじめて、未知への旅、真理の道に進み、瞑想する許可が出ます。なぜなら真のマスターのガイドなしの瞑想は危険であるからです。

世間では、「心を強くして、頑張ろう」という教えがたくさんあり、それが主流になっているかのようです。一般には、瞑想をしたり、神につながったりすることは、逃げであるとか、他のものに依存して自分の意見ももたず、弱くなるようなイメージがあるようです。

そうではないのです。瞑想することは神に出会うことであり、それは自分の源につながることです。あなたの本当の生みの親、命につながること、それこそが本当の道です。そこから無限の力をいただけるのです。

そして捧げる生き方、お布施をすること、人々が精神的成長をする祈りの場をつくることは、最大の功徳《くどく》です。インドでは、その行為は最高の生き方であるのです。今生でできる善行であり、最高の功徳として、経済的に豊かな人も、そうでない人も率先して寺院をつくり、よいカルマを積み、執着をとっています。捧げる行為、布施の行為は、自分のみの浄化ではなく、皆を真理の道に導き、魂を助ける、大きな浄化の行為です。そして魂がよりいっそう輝きます。すべてを満たし充実させるのです。

神を愛します。神が気に入るような供物を捧げます。善行を積むのも、神を喜ばせることに通じています。そして、瞑想を行うのです。

これらのことを、たしかな信仰心をもって日々心がけることにより、執着が外れて功徳が積まれ、幸せになっていきます。やがて神と一体になっていきます。さらに、魂の光と一体になり、ただ輝き、まわりを照らしていくのです。

無償の愛で大自然のように生きる

心には考える力があり、創造する力もあり、幸せを求めてきました。外側のものを集めました。そしていろいろ満たされ、お金をたくさんもっても、いつかなくなるのではないかと、不安になります。

人はこうしたおそれを抱くことで、それが欲望となり執着となって、ものを集めたのです。ほしいものを求め続けるというカルマを繰り返し、消耗する生き方をしています。どれほど欲望を満たしても、そのおそれはなくなりません。つまり、人間はものによっては満たされないのです。幸せではないのです。

本当の自分、素の自分にならないと幸せにはならないのです。

私たちは、もともと純粋な存在であり、必要なものはすべて神から与えられ、すべてをもっています。今まで集めたものは依存するためのものであり、いつかはこの世界に置いていかなければならないものです。それは本当の自分に帰属するものではありません。

多くの人の生き方は、抱え込む生き方です。どん欲になり、頑固になり、不自由になる生き方です。

あなたが集めるものは、やがて変化し見捨てられゴミになるものです。一時の喜びのものです。それよりも皆が幸せになるために、集めたものを使っていきましょう。それをよりよいものにして捧げていくのです。ほかを生かすように捧げるのです。

あなたが神につながり、信じます。捧げます。浄化をします。それは地球を浄めることにも通じます。そのことにより、あなたの家族も浄められます。先祖も浄められます。あなたの行為で、皆の内側が浄化されます。

人間に限らず生命あるものは、必ず死んでいきます。人は自分を浄め進化できるのです。そのために生まれてきたのです。誕生から死までの間に、死んだ先のためにも、心とからだと、さらには見えないからだのエネルギー体を、信頼し捧げる行為によって浄めます。人に親切にします。人を助けます。笑顔を捧げます。喜びを捧げます。優しさを捧げます。

意識を高めるサマディからの真理の教えを説き実践できる祈りの寺院を建てて、皆がよい心で、瞑想と祈りができるといいですね。そうして執着を取り除き、本当の自由を得るのです。

ヒマラヤ秘教は、大自然から学びます。それは神のはたらきだからです。大自然はいつも与え続ける存在です。まわりに捧げることで相手を生かし、成長させていきます。

太陽は大地へ光を注ぎます。生物を育て、大地をあたため、世界を明るく包みます。川は岸の草に栄養を与え、魚を育てます。山から海へと養分を運び、海の生きものもはぐくみます。

しかし、与えるだけで、見返りを期待していません。捧げることで満たされているのです。

私たちも、そのようにまわりに与え、捧げます。カルマを積まない生き方をします。

それは、与える、手放す、捧げることで、内側が満たされ、精神が成長し、魂が進化する生き方です。

心の愛から魂の愛へ

知識ではなく知恵を求めます

知識と知恵は違うものです。知識とは物事の情報です。外側のものの情報が蓄積されたものです。知識は、仕事に必要であり、衣食住を整え生きるためにも必要です。しかし、それは心を一時的に満足させるものにすぎません。知識は活用するものであり、知識があればずっと幸せということではありません。

知恵は、内側からの気づきです。外側から取り入れ、蓄えるものではありません。目を覆《おお》っていたかさぶたがとれたかのように、その状況が見えてクリアに理解できたときは、小さな悟りを得たときです。知恵が湧いてきたわけです。

瞑想をすることで、気づいていくことができます。浄化がなされ、心に依存していたのだなとわかったとき悟ることができます。雑念は、そのことを知らせてくれています。浮かんでは消えることを繰り返し、執着を取り除いてくれるのです。見ていて現れるものを手放すことで悟っていくことができます。これは知的なアプローチです。

究極の知恵は、自分はいったい誰なのかを知ることです。変化する心やからだは、本当の自分ではないことを実感することです。永遠の存在と一体になって実感する、それになることです。それは真理そのものになることなのです。

知識として知っていることと、それになって実感することとは、まったく違います。究極の存在を実感することによってでしか、悟ることはできません。

私たちは、心とからだで考え、いろいろなものをつくり、便利に利用して生きていっています。それは、神から力を得て行っているのですが、そのことを、ほとんどの人が知りません。すべて自分の力でやっていると錯覚しています。

見えない力が、心とからだを生かしているのです。人は神の力によって生まれ、生かされ、死んでいきます。

宇宙の生物すべては、助け合いながら生きています。奪い合うのではなく、捧げ合うことで、宇宙は成り立っています。その宇宙のなかに人間もいます。そうした宇宙の仕組みに気づくことが知恵なのです。

人間は、真理に目覚めない限り、心に翻弄されて生きています。自分は心であると思い、自分を守ろうと争い、いろいろなものを集め、執着をつくり、ものに依存していきます。そして、深いところにある不安は消えないのです。その不安を消すために、刺激を求め、快楽を求め、エネルギーを消耗しています。おそれから逃れるために、心とからだをさらに激しく使って執着をつくっています。どうか気づきを深め、知恵を高め、バランスのとれた生き方をしていってください。

深いところの愛の海から無償の愛を捧げます

何かをしてあげたら、お返しがあります。ギブ・アンド・テイクです。人間社会はこのやり取りで、バランスをとっています。ただし、ここでのバランスのとり方は、心を基本にしたやり方です。ときには演技をしていることもあるかもしれません。

それでも、できるだけ尊敬し合い、調和を保っていったほうがよいでしょう。そのほうが、世の中はうまくいくからです。

あなたが瞑想をして深く浄められていくと、自分の心が見えてきます。内側の見えないところのことが分かるようになります。つまり「気づき」が起きます。

私たちは皆、源の存在から生まれました。出所が同じ兄弟姉妹なのです。

そして、愛は心を超えたところにあるのです。心を超えたところに愛の海があり、そこから愛が湧き出ています。その愛は、見返りを求めず、ひたすら与え続ける「無償の愛」です。

人間はすべて「出所が同じ兄弟姉妹」ですから、自分のなかにも相手のなかにも神がいて、ともに神の力によって生かされています。ですから、相手を信頼し、慈しみの愛を送ることは、とても自然なことです。しかし、カルマが浄化されていないと、そう簡単にはいかないかもしれません。

常に表面を見るのではなく、相手のなかの神を見て拝む気持ちで接していくと、よりよい人間関係が築けるのです。

平和な心の人から生まれる波動

動き回る心を押さえこみ自分の内側を平和にします

外側の世界に争いがあります。この地球が、平和になりますように。そう願っていきましょう。皆が平和になるように祈ると、皆の意識が変わってきます。

世の中を変えるには、個人が変わらなければなりません。その個人の多くは、外から教育を受け、よい人になるように育てられてきました。しかし、それは心のはたらきであり、常に心が動くので安らぎがありません。

心を変えるには、内側の体験の記憶であるカルマを変えなければなりません。カルマを変えないと、心は変わらないのです。

ヒマラヤ秘教は、5000年も前に、内側を変容させ、幸せになる技法を発見しました。それを、私は今、お伝えしています。

私たちのなかには、すべてを生み出す静寂があります。そこにつながっていくと、大いなる安心をいただけます。さらに、その静寂を体験します。それが、悟りへの道です。

多くの人は、自分のなかにある静寂を知ることもなく、心で生きています。心は常に変化しています。心とともに生きていると、動く心に少しの間も安心できないので、常に安心できるものを求めます。心は、安心を手に入れようと何かを集めていきます。

しかし、安心を得ることはできません。心には不安が渦巻いていて、同じように不安が渦巻いている人と、争いが起きるのです。

心は、愛がほしい、親切にしてほしい、優しさがほしいと、探し回ります。不足を補ってもらおうとするわけです。しかも、それは他の人に対してです。そのようなエネルギーの使い方により、不足は強化され、ますます渇望していくことになり、それが争いの元になります。

本当のあなたは、満ちています。あなたが外側のものを抱えれば抱えるほど、「本当の自分」は、心の執着に覆われてしまうのです。そのうえ、エネルギーを奪われ、心も疲弊していきます。

だから、最初のところで逆転させればよいのです。いらないものは捨て、大切なものは捧げるのです。そのことにより、執着が一気に取り除かれます。執着が取り除かれた心は、外側に安心を得られるものを求めようとはしなくなります。探し回らなくなった心は、おとなしくなります。

心がおとなしくなると、「本当の自分」が見えてきます。

力が満ちているのに静かな世界。それこそが、平和な心の風景です

「本当の自分」は、満ち足りています。不安はどこにもありません。

人の内側に過剰に求める心があると、それは必ず外側に現れます。人の心が世の中をつくっているのです。世の中がよくなるためには、個人の内側を整えることが大切です。個人の内側が平和と愛になることが尊いのです。

自分の内側を平和にしましょう。そして宇宙的愛で満たしましょう。

内側の平和は静寂で、パワーに満ちています。積極的に生きていながらも静寂になります。生み出す力がありながら、静寂です。エネルギーが整っていて、力強く静寂

で愛に満ちています。非常にバランスのとれた、動のなかの静の世界なのです。

しかし、自分の内側に、静寂という平和をつくることを、体験的に知る人は少ないのです。

社会的には、心が元気な人が望まれます。その人は、いつも頑張って元気なのが心の癖になっていてそれほど大変には感じません。しかし、じつは大変なエネルギーを消耗しています。長い人生では、エネルギーのロスをしていることになります。

しかし、静かな人、おとなしい人をすすめているのではありません。その静かさと私がすすめる静寂とは違うのです。私がすすめるのは、心が目覚め、意識が進化していての静寂です。そのためには心を高次元の波動で、磨いていくのです。ただじっとしていて、不活性になって静かということではありません。内側に蓄積したカルマを浄化していかなければなりません。

カルマを浄化すると、静寂、明鏡止水を体験することができます。心には何も浮かばず、平和で安らいでいます。安心があり、力が満ちています。愛が満ちています。知恵が満ちています。

自分のすべきことに集中すること

見えない力から パワーをいただく

生きていくなかでは、心身を使います。日々のさまざまな行動や心配や不安、競争などで、どうしても心身がはたらき過ぎていきます。ストレスをためて疲れ、消耗ばかりしていきます。しかし、いったんスイッチが入り頑張っていると大変なことをしている自覚もなく、それを当たり前のことと受け止めています。また、自分の心がどうなのか知る由もなく、ただその場その場をエゴで心地よくして生きているのです。

しかし、もっと楽に生き、知恵をもって進化できる生き方がヒマラヤ秘教の教えの実践です。それはまず、自分より優れた知恵の存在にサレンダーして（明け渡して）おまかせします。すると、その優れた存在、神からのエネルギーが豊富に得られ楽に生きられるのです。

また正しい生活をして、人との関係、心とからだの関係を乱さないようにすることです。カルマの欲望からの無駄な行動に気づいて、正しい行為をしていきます。

生活が思うようにならないと、イライラしたり、相手を責めたりすることがあるかもしれません。何事も皆の力に支えられてできています。すべてを学びとして、感謝をしていきましょう。そうしたことが浄化になって、エネルギーが消耗しなくなり、よりパワフルになっていきます。

「朱に交われば赤くなる」といいますが、悪い友人や悪い環境と長く交わると、それらに染まります。つきあいを断れないときがあるようですが、よく思われたいと人に合わせ過ぎるのは、自分を大切にしない生き方につながります。真理を選ぶ勇気をもちましょう。

生活が乱れると、人生の目的が見えなくなります。

やるべきでないことは、やらないようにします。そうして、自分のやるべきことを、集中してやっていきます。精神を統一して物事を行うと、エネルギーが無駄なく、正しく使われます。

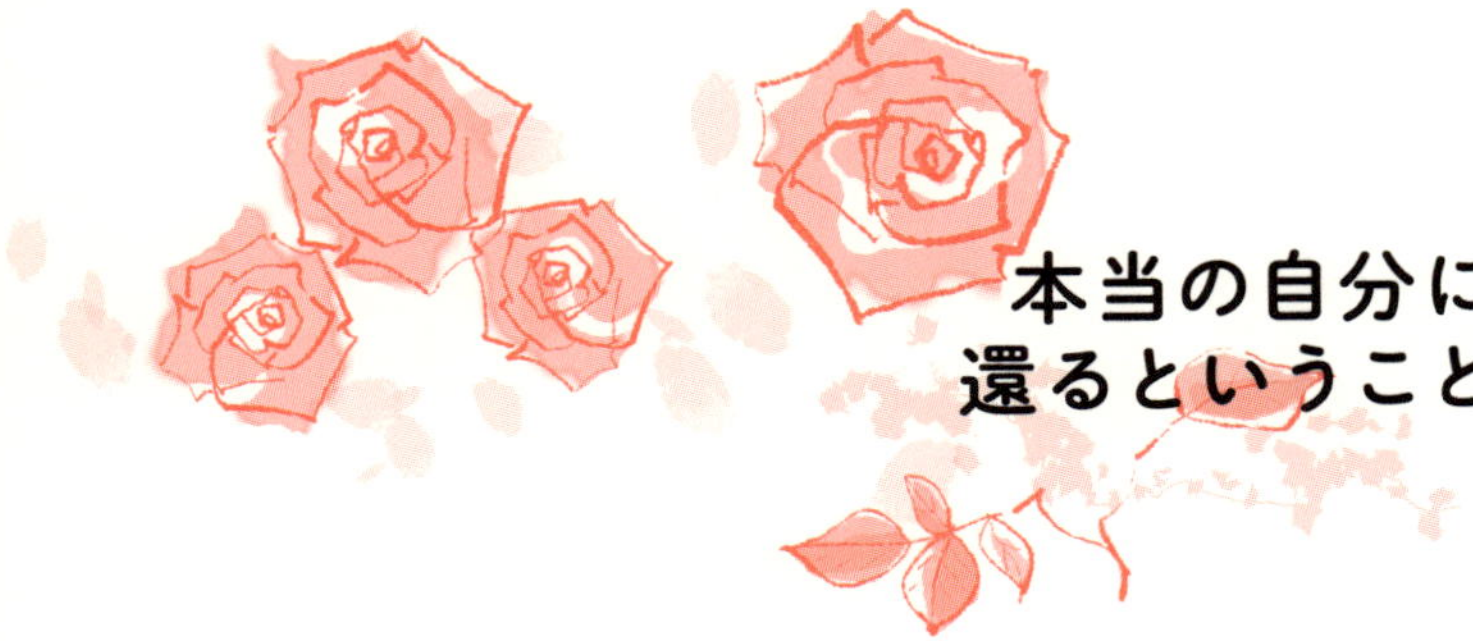

本当の自分に還るということ

感謝することでカルマが浄化され、心をコントロールできるようになります

人はカルマによって生まれ、カルマを浄めるために、このからだと心をいただきました。ただ生活をするためだけではなく、真理を知っていくために生まれてきたことに気づきます。そこからの自覚とさらに真理につながることで、心に何が起きてもとらわれない、完全に自由な人になっていきます。心が自分を動かすのではなく、自分が心をコントロールできる人になるのです。

起きていることは、過去の結果の表れです。それが、どんなに嫌なことであっても、それがその人のありようであり、カルマの結果なのです。

その因縁を浄め、神になっていくのがヒマラヤ聖者の教えです。しかし、その教えに実際に出会うのは、まったくの奇跡です。それが今、ヒマラヤ聖者がここにいることで起きるのです。

まず、あなたの今を理解します。

自分の心は今、こういうことを考えていて、そういうカルマなのだと理解します。そして、それをそのまま受け入れます。自分を責めません。そのままを愛します。源につながります。人に対しては、尊敬をもって、相手の幸せを心から願います。相手に依存し過ぎない心地よい距離感をもちます。それは、相手を尊敬して無償の愛を贈っていることにほかなりません。そうすると相手は安らぎます。あなたと会う人が安らぎ、安心していられる存在になりましょう。

あなたの人生に起きるすべては、正しい生き方への学びです。

たとえば、からだの痛い部分や異変に気づいたら「無理をしたから、こういうふうになった」と気づくことができます。すると「悪いところを治すために症状が出ている、ありがたい」と、感謝の気持ちが湧いてきます。

これは、比較的簡単な例ですが、そのように具体的に現れる事象がその奥をもバランスをとるきっかけになるのです。そして、次第に心に振り回されずに生きていくことができます。しかし、本当にそうなるためには、サマディの修行をします。神からのパワフルなエネルギーが満ちて、意識が覚醒して真の自己が主となって、心を従えて生きていくことができてきます。おそれもなく苦しみもなく、すべてに愛をもって接していくことができるのです。

本当の自分はどこにあるのか、自分は誰なのかの気づき

人は何のために生きているのでしょうか。昔から、多くの人がそのような疑問をもち、さまざまによい解答を書いてきました。その一冊がまるごと、この疑問に対する解答であるかのような小説なども、たくさんあるようです。

私の立場からは、答えはいつも一つです。「悟るため」です。人のもっているカルマもその段階も、じつにさまざまですが、最終目的は悟るためです。

あなたが才能を発揮して、自分の思いのままに表現できたならとても素敵ないい人生です。しかし、それは悟りではなく、感覚や心の満足です。人生の最終の目的は、真理を悟ることです。自分はいったい誰なのかと探求し、気づくのです。それは人生の最大の目的です。それが、人の真の意識の進化です。知識を集めたり、覚えたりす

ることではありません。

あなたのからだ、筋肉は、どのようにして動いていますか。心が動かしているのでしょうか。しかし、心は主ではありません。自分は変化しています。本当の自分ではありません。心を生かし、動かしている存在が、奥のほうにあります。その存在が、あなたのからだも動かしているのです。その奥に何があるのでしょうか。

ヒマラヤ秘教に、見ていく瞑想のドラスタバワというものがあります。見る存在と見られる存在があります。見るものは変化しない永遠の存在、見られるものは変化するものです。

見える世界は、すべて変化し、永遠のものではありません。それを永遠と思って執着するために苦しいのです。それに気づいて離れることで、苦しみから解放されます。

そうした練習をするのが、ドラスタバワです。ドラスタは見る者、バワはそれになるということです。見る者、純粋な意識になるということです。人は普通には心が自分であり、からだが自分であると思っています。

ドラスタバワは、その意識で浄化してからだを見ていきます。果たして、からだが自分なのでしょうか。からだが変化することを理解します。感覚を見ていきます。感覚に執着することは、苦しみであると気づきます。その感覚を浄めます。浄めることで、感覚に振り回されずに、今にいます。心を見ます。心はあなたなのでしょうか。心の執着は苦しみです。それは変化するものであって、永遠のものではありません。心を浄め、離れます。

そうして、すべてのメカニズムを知っていくのです。すべては神から生まれ、変化して、死んでいきます。

神は、スーパーコンシャスネス（超意識）でもあります。そのことを悟っていきます。「本当の自分」になるのです。そのことですべてを知り、解放されます。

心身を浄め、意識が覚醒したとき自分自身になるのです。そこにあるということです。それは何の雑念もなく、そこに、今にいるという状態です。

しかし、そのことが起きるためには、浄化をしていかなければなりません。人は長い間、からだを自分と思い、心を自分と思ってきました。それらを順次浄化していくには、悟りのマスターのガイドが必要です。マスターの高次元のエネルギーで、「本当の自分」につなげ、浄化します。

そして、聖なる音の波動であるマントラの伝授を受けて、内側を浄化していきます。

マントラは、高次元のエネルギーであり、それをつくります。思いを浄め、カルマを浄めます。そうして、さらには神に一体になっていくのです。

ヒマラヤの教えによる瞑想は本当の自分、神に戻る修行です

ヒマラヤ秘教の瞑想は、真理を知っていく修行です。神と一体になっていき、悟る修行です。それは、本当の自分になる修行でもあります。本当の自分を自由にするのです。からだは小宇宙です。宇宙と同じもので、できています。それをしっかり浄化し、そのなかに何があるのかを知っていきます。

土、水、火、風、空、音、光。7つの要素があります。それらは、カルマによって濁っています。それを浄めます。そのために、さまざまな秘法で浄化します。

最初の秘法の音の波動も、これらを浄化します。また心を浄化します。心には、記憶や思い、エゴや感情があります。さらに感覚があります。それらを浄化して、純粋にしていきます。

そして、意識を進化させ、純粋意識になっていきます。これらは自分で体験しなけ

れば分かりません。現代の科学や心理学でも分からないことです。

意識とは何か。

心とは、おそれとは何か。

愛とは何か。

これらは言葉で表せません。言葉で伝えられない事柄なのです。悟りを体験することで分かります。自分で体験し悟っていくことが大切です。

今回、本書に書いたさまざまな知識や教えも、本来は言葉に表せないものです。人それぞれカルマがあり、そのことで体験が違ってきます。ただひとつ言えることは、カルマは心を超えた体験であるということです。

秘法を伝授するディクシャでカルマが浄められ、内側が変容します

私はサマディマスターのディクシャを受けて、ヒマラヤで修行をし、死を超えての

究極のサマディ（究極の解脱《げだつ》）を成就しました。その後、サマディマスターから「日本人を救いなさい」との命を受けて、日本に帰国し、本格的にヒマラヤ秘教を広め始めました。

そのため、東京や地方でヒマラヤ秘教のシッダーディクシャを伝授しています。はじめての方には、最初にどのようにすれば神につながることができるかをお伝えします。

神につながるために、まずディクシャという儀式を行います。ディクシャとは、高次元のエネルギーと秘法の伝授を受けることです。マスターとよばれる神との橋渡し役から直接エネルギーをもらい、深いところにコンタクトしたうえで、マスターから直接に秘法を伝授されます。

ディクシャを受けるにあたっては、真理に向かって自分を高め、人の幸せを願う気持ちが大切です。

ディクシャでマスターによって、存在の源への扉が開かれます。マスターからの高次元のエネルギーは、あなたの深いところに達することを可能にし、「本当の自分」につなげます。

「本当の自分」につながり、マスターからのサマディパワーで心身が浄化され内側が変容します。あなたは、スピリチュアルな人に生まれ変わります。あなたはマスターと神につながり、常に守られてパワーをいただき、生きていくことができます。

さらに、サマディ瞑想の秘法を伝授されます。それは音の波動の瞑想法です。マントラです。こうして日々安全に瞑想修行ができ、カルマを浄化する旅が始まります。人には、人類としての何十万年分ものカルマがあります。さらに生命の発生まで遡《さかのぼ》ると、何億年分というカルマになります。そのカルマを浄化していきます。もちろん、あなたの過去生のカルマも浄化します。その波動は、神のもとにあなたを運んでいき、悟りさえも起こしていくのです。

そのほかのさまざまな真の成長のための秘法の伝授も、東京で行っています。悟りと意識の進化を最速で起こすためには、本格的な修行と各種ワークを行い、深い瞑想を長くすることが必要なのです。ヒマラヤの洞窟に入るように、集中したリトリート(合宿)を行っています。そこでサマディ修行の深い瞑想を体験して、生まれ変わることができます。ヒマラヤ秘教の秘法には、口伝の掟《おきて》があります。真のマスターによる直接の伝授から、変容への旅が安全に始まります。それは本を通してはお伝えできません。マスターとの出会いは奇跡です。本当に真理を知らない間はカルマとストレスを抱え、老いや苦しみに生きているのです。

今、多くの人は、残念ながら、神を忘れ、おそれからいろいろなものをかき集め、心のみで生きています。これはエゴを肥大させる生き方であり、セルフィッシュな生き方です。

カルマの影響を受けないためには、カルマの法則を知ってそれを生かしていきます。それは宇宙の法則、正しい生き方、正しい法に則《のっと》って生きるということです。よいカルマがよい結果につながります。できるだけよいカルマを積みましょう。善行を行いましょう。そして、悪いカルマを積みません。

悪いカルマを積まないためには、意識が高まる行為をすること、善行をします。そしてできれば、ヒマラヤ秘教のディクシャが必要です。その縁により最速でその人の内側が浄化され生まれ変わり幸せになるからです。そのことにより、よりよい縁の出会いが起きます。あわせてお布施や奉仕などの善行を積むことでも、カルマは浄化され、意識は高まります。瞑想は、意識を高めることに最も向いています。

意識を高め、魂を輝かせる生き方は、昔からあるものですが、近年に廃《すた》れてしまったかのようになっています。とくに先進国には、その傾向が強いようです。

そうしたなかでも、この意識を高め、魂を輝かせる生き方は、新しい生き方として、注目され始めています。

そして、この生き方がサマディマスターとの出会いで可能なのです。それは、人生の最終目的を成就する生き方でもあるのです。


今にいる。

自分を愛する。

感情に流されない。

心に翻弄されず平和でいる。

平和を選択し、そのために瞑想をする。

無心になる。

無欲になる。

空っぽになる。

セルフィッシュな心を使いません。意識を高めて、気づきをもって生きます。知恵が湧いてきます。そのことが悟りに向かう道です。悟りは、最高の人生の目的です。

こうして悟っていく生き方でないと、カルマを積んで苦しみをつくり出す生き方になっていきます。苦しみを抱え込み、重く不自由な生き方になります。

それは生命力を奪い、愚鈍になり、ただ年を重ねていく生き方です。年相応に円熟するとはいっても、それはすべてエゴの体験からの考えであり、限定された不自由な考えです。

悟りの教えはエゴを超え、心を超える教えなのです。

人生でたったひとつの大切なこと

源の力につながって楽に人生の目的を果たしていきます

生活しながら小さな目的をかなえるのもけっこうですが、ヒマラヤ秘教で源の存在につながり、神のエネルギーをいただけば早く成功できます。

また、神につながれば、自然と人に優しくなります。生命エネルギーも充実して、知恵や愛も湧いてきます。そして、クリエイティブに、パワフルに生きることができます。

子育て、パートナー探し、仕事、勉強など、何をやっても充実してきます。一瞬一瞬を学びととらえて感謝すれば、不可能なことがなくなります。今にいることで満ちていくのです。皆の幸せを、ストレスなく祈ることができるようになります。

こうしたことは、心で頑張っていても、やがて疲れて力が尽きてしまいます。神につながり、神を信じ、自分を本当に信じきれば、あなたにはいつも守りと祝福があるのです。

成功を手に入れるとともに、常に執着を外していく修行をしていきます。捧げる生き方です。さらには手に入れたものをすべて捨て、それを超えた新しい次の目標へと、歩むのです。

あなたは温泉に行ってのんびりしたり、マッサージでリフレッシュしたりするのが好きかもしれません。それは心の元気とからだの元気です。一時的なものです。そしてそこにはエネルギーの消耗があります。

私のおすすめする瞑想は、命を輝かせます。さらに、自分の内側を大掃除することができます。心の垢《あか》、汚れたカルマを溶かし、浄化することで、心とからだが整えられます。もちろん病気にもなりにくくなります。内側がすっかりリセットされるのです。

できることなら、人として生まれた機会を生かし、真理を悟りましょう。

本当の自分を知りましょう。

それが人生という旅の目的地です。

人として最高の成長と進化です。

人生でたったひとつの大切なことです。

神はあなたがそこへ戻ることを期待して、この世へ送り込んでくれました。そこはあたたかく、平安で、魂が安らげる場所です。あなたの故郷《ふるさと》です。

今生で悟れない人も、善行を積み、目指すものが分かれば変わっていけます

今まで見てきたように、人は心に翻弄され、からだに翻弄されて生きています。からだが痛い、背が低い、いつもお金が足りないなど、いろいろなことにとらわれ、悩みます。また、ほしいものを手に入れられない苦しみ、報われない苦しみを感じます。

心は常にほしがり、くっつけたがります。それは、成長しようとする自然の営みでもありますが、エネルギーを消耗させ、疲れさせることにもなります。その心に振り回されず、心を上手に使うにはどのようにすればよいかを見てきました。

ヒマラヤの恩恵は、あなたを変容させ、神とつなぎ、神にさえなることができる秘密の教えです。サマディに向かう修行は、究極の悟りに達しなくても生き方を豊かにします。そのプロセスで、生きることが楽になります。本当の自分になること、悟る

ことですべてを手に入れることができるのです。愛の海を体験して、満ち足ります。知恵が湧き、理解が進みます。

自分の立ち位置が、正確に分かります。今何が必要であるかも、はっきり分かります。勉強をガツガツしなくても、できるようになります。自然に宇宙の法則が分かります。すべてのことに対して理解が進みます。

悟りを目指すことで、カルマの浄化が進み、人として進化します。気づきが増してとらわれが少なくなります。理解が増して、迷わなくなります。立ち直りが早くなります。苦しみがあっても、これはプロセスであると受け止めることができます。

なかには、こうしたことに出会うことを拒む人がいます。人生の目的、人としての使命を知ろうとしない人がいます。その人は、カルマを積み続け、人生の目的、人としてのきることになります。人としての過ちを犯し続けます。意識のレベルが低いまま死んでしまうことになります。死後も意識のレベルの低い世界へ行きます。

そのことを何度か繰り返した後に、ふと気づきます。何度も生まれ変わってきたようだけれども、少しも変わらない。これじゃキリがない。なんとかしなければならない。そうだ、何百年も前に悟りを目指す生き方があることを聞いたことがある。遅ればせながら、それをやってみるか。

もちろん、それからでもいいのです。ですから、ぜひ、悟りを目指す生き方があることを聞いた、ということを記憶にとどめておいてください。

人間に生まれたからには、やがて善行を積み、功徳を積んで生きていくことになるのです。いい心をはぐくむようになるのです。カルマを浄める生き方をするようになるのです。霊性を高めて、魂をきれいにしていくのです。

奪う心から自然の心、与える心に戻ります。輝いた人になっていきます。

自分を知る——神に出会う内側への旅に出かけてください

どうかあなたも「よい人生」「意味のある人生」を生きてください。

精神を成長させ、魂を進化させることを人生の目的にしてください。

それにはまず自分の根源である神につながり、本当の自分とは何かを知り、さらには自身が神になっていくのです。

自分の内側への旅は、瞑想によって行うことができます。それは頭がよくなる行為です。冷静になる行為です。自分を知っていくことです。

人として生まれたからには、意識を成長させていくのがよいのです。自分の外についたものを守ることは大切でしょうか。それればかりだと嫌われます。人のために生きると好かれます。評価もされます。

子猫に毬《まり》をあてがうと、子猫はずっと可愛く動いています。心に翻弄されている人間も、そのようなものかもしれません。ただ、動いていたい。ジーッとしていると不安だから……。

そうではなく、何のために動いているかを見つめましょう。

「本当の自分」に出会っていくことは、自分の見えないところをきれいにしていく作業でもあります。土台にあたるところを浄め、強固にします。たとえば、美しい頑丈な家を建てるのに、いちばん大切なのは基礎です。それも土壌の質から、その下の地質まで調べなければなりません。そうしたことと同じなのです。

そして、日々の心がけも大切です。注意深く生きていきます。すると、それが新しい習慣となります。

ブッダは、今から約２５００年前に生まれました。ヒマラヤの教えが生まれたのはは、そのさらに3000年以上前です。ブッダの教えの源流は、ヒマラヤの秘教です。ブッダはそのときすでに、神のことや、美しい心、慈愛の心になるように指導しています。しかし、人間はいまだにそのようにはなっていません。

個人にはいまだに利己的な心があり、国や地域単位で激しい戦争が起きています。人間の心のレベルは、遥か昔とそれほど変わらないのではないでしょうか。悪化しているという指摘もあります。

人間は、何生も「生き死に」を繰り返してきました。それにもかかわらず、ほんのわずかしか成長できていないのではないでしょうか。

ヒマラヤ秘教の教えは、人間の進化を自然の流れにまかせるのではなく、修行によって加速させます。今生だけでカルマの浄化ができてしまうのです。そのことにより、自分で自分を自在にコントロールできるようになります。

本来、気が遠くなるような長い年月のかかる道です。それが生きたサマディマスターの直々の恩恵で、今生で著しく進化する可能性があるのです。それが今あなたに与えられたのです。

宗教が嫌いだ、神はいない。そういうふうに思って、この道に踏み出すことを躊《ちゅう》躇《ちょ》してしまう人もいます。

この世界は、神によってつくられました。神は、目で見ることができません。しかし、その力と守りをいただくために、神を信じることは、当たり前のことです。それをいただかないのは、お世話になりたくないから酸素がいらないといっているのと同じです。

そして、自分の中にも神があります。その「本当の自分」を信じます。週末に自分の時間をつくって楽しむように、週末に少したくさん内側を浄化していくだけでもいいのです。

大事なことは、修行をするかしないかではなく、そうした機会があなたにも与えられていることに気づくことです。それに気づいた人は、人生の目的に気づき、その成就へと一歩近づいている人です。

ひとりでも多くの人が、その気づきにより目覚め、本当の自分に出会う旅をしていただくことを願っています。

その一歩を踏み出せば、思った以上の人生が、すぐそこにあるのです。

本当の自分につながり、内側の旅を始めることで、
永遠の真理に出会えます。

「捧げる」ことで、内側が満たされ、
精神が成長し、魂が進化します。

知恵は、内側からの気づきです。
現れるものを手放すことで、悟っていくことができます。

自分の内側に、静寂という平和をつくると、
安心が生まれ、心は力、愛で満ちてきます。

源の力につながると、
楽に人生の目的を果たしていくことができます。

ヨグマタ　相川圭子

女性として史上初のシッダーマスター（サマディヨギ／ヒマラヤ大聖者の意）。現在、会うことのできる世界でたった二人のシッダーマスターの一人。5000年の伝統を持つヒマラヤ秘教の正統な継承者。1984年、伝説の大聖者ハリババジに邂逅。高度5000メートルを越えるヒマラヤの秘境にて死を超える修行を重ね、神我一如に長い間とどまる「最終段階のサマディ」（究極の悟り）に到達し、究極の真理を悟る。1991～2007年の間に計18回、インド各地で世界平和と真理の証明のための公開サマディを行う。その偉業はインド中の尊敬を集める。2007年にはインド最大の霊性修行の協会「ジュナ・アカラ」より、最高指導者の称号「マハ・マンドレシュワリ」を授かる。

日本をはじめ欧米等で法話と祝福を与え、意識の進化をサポート。根源のエネルギーにつなげ変容を起こす「ディクシャ」で、高次元のエネルギーと音の秘法を伝授。ほか、各種秘法を伝授し、高次元の愛と叡智をシェア。日本では真の幸せと悟りのための各種研修とリトリートを開催し、人々の意識の進化と能力開発をガイドする。

『奇跡はいつも起きている』（大和書房）、『心を空っぽにすれば夢が叶う』（講談社）、『死を見つめるたった１つの方法』（KADOKAWA）など著書多数。他に、NHK・CDセレクション『ラジオ深夜便「ヨガと瞑想の極致を求めて」』、英書『The Road to Enlightenment: Finding the Way Through Yoga Teachings and Meditation』（講談社USA）などがある。


思《おも》った以上《いじょう》の人生《じんせい》は、すぐそこで待《ま》っている

2015年11月3日　第1刷発行

著　者　相川圭子
発行者　佐藤 靖
発行所　大和《だいわ》書房
東京都文京区関口1-33-4　〒112-0014
電話　03（3203）4511

ブックデザイン　庄子佳奈（marbre plant inc.）
編集協力　児玉光彦
校　正　別府由紀子
本文印刷　厚徳社
カバー印刷　歩プロセス
製　本　ナショナル製本

ISBN978-4-479-77199-9

http://www.daiwashobo.co.jp